SUSANNE WERNICKE

PINK VEGAN

Vegane Alltagsküche
in der schönsten Farbe
der Welt

stiebner

INHALT

Desserts 121

Kuchen & Gebäck 141

Getränke 163

ÜBER MICH

Mein Name ist Susanne Wernicke, ich bin Foodie aus Leidenschaft und meine Lieblingsfarbe habt ihr sicher schon erraten.

Ich wohne mit meinem Mann und meinen beiden Kindern in Buchholz in der Nordheide, einer Kleinstadt 30 km südlich von Hamburg. Ungefähr seit meinem zehnten Lebensjahr esse ich kein Fleisch mehr. Ich glaube, ich habe anfangs meinem großen Bruder nachgeeifert, der irgendwann kein Fleisch mehr mochte. Aber mir taten dann auch die Tiere leid. Zum Glück durfte ich zu Hause immer essen, was ich wollte, und konnte mich auch schon früh in der Küche ausprobieren.

Meinen Mann Kai habe ich mit 19 Jahren kennengelernt. Er war vier Jahre älter, begleitete mich durchs Abitur und mit 20 bin ich zu ihm nach Hamburg gezogen. Auch damals haben wir schon gerne und viel zusammen gekocht. Als vier Jahre später unser Sohn geboren wurde, zogen wir zurück in meine Heimatstadt Buchholz. Zuerst in eine kleine Wohnung, dann in eine größere Wohnung mit Garten und schließlich in unser Reihenhaus. Hier vergrößerte dann unsere Tochter noch die Familie.

Ende 2014 fasste ich den Entschluss, mich für vier Wochen komplett vegan zu ernähren. Kai, der bis dahin Allesesser war, machte von sich aus mit. Niemals hätte ich ihn darum gebeten. Wir praktizierten sozusagen schon einen »Veganuary«, ohne dass es diesen damals schon gegeben hätte. Familie und Freunde waren teilweise skeptisch, als sie nach einiger Zeit erfuhren, dass bei uns nichts Tierisches mehr auf den Tisch kam. Aber das hielt uns nicht von unserem Vorhaben ab.

Ich fotografierte und dokumentierte von Anfang an unsere veganen Mahlzeiten und erstellte ein Online-Tagebuch. Statt Kuhmilch gab es erst Mandelmilch, später blieben wir bei Hafermilch, statt Kuhmilchjoghurt gab es Sojajoghurt. Wir lernten Tofu kennen und später auch, ihn richtig zuzubereiten. Käse war anfangs ein großer Verzicht. Aber außer Cashewkäse gibt es inzwischen sehr leckere Käsealternativen u. a. auf Mandelbasis. Backen ohne Eier war auch einfacher als gedacht. Nach diesen vier Wochen hatte es uns gepackt. Wir machten weiter!

Wir lernten neue Zutaten und Zubereitungsmethoden kennen, kauften Bücher, probierten Rezepte aus und machten uns übers Internet schlau. Eine ganz neue kulinarische Welt eröffnete sich und begeisterte uns!

Ich fotografierte weiterhin und fing an, Rezepte zu veröffentlichen. Dann lernte ich Instagram kennen und war überwältigt von den tollen Foodbildern. So etwas wollte ich auch machen und startete am 18. August 2016 meinen Instagram-Kanal »diefrischlinge«. Ich kaufte mir eine gebrauchte Spiegelreflexkamera und machte einen Workshop in Foodfotografie. Außerdem absolvierte ich ein Fernstudium zur veganen Ernährungsberaterin, um mir ein fundiertes Grundwissen anzueignen.

In unserer Küche koche und backe ich täglich und liebe es, neue Rezepte kennenzulernen und selber zu entwickeln. Inzwischen gebe ich auch vegane Koch- und Backkurse. Es macht mir Freude, für Freunde und die Familie an Geburtstagen oder zu besonderen Anlässen Köstlichkeiten zuzubereiten und alle genüsslich schmatzend an unserem großen Familientisch sitzen zu sehen.

Mit dem Entstehen dieses Kochbuches erfülle ich mir selbst einen Herzenswunsch! Meine Lieblingsrezepte sind in den letzten Monaten pink geworden und ich sitze hier umgeben von mehreren Kilo wunderschön gefärbter Äpfel und tippe die letzten Zeilen dieses Kochbuches. Alle Rezepte sind in unserer Reihenhausküche entwickelt und mehrfach erprobt worden. Sie sind Teil unserer Alltagsküche.

Ich wünsche euch viel Spaß beim Ausprobieren meiner veganen Kreationen und guten Appetit!

DER PINKFAKTOR

WOHER KOMMT DIE FARBE?

Ein Hoch auf die Rote Bete! Sie eignet sich am allerbesten zum Einfärben von Lebensmitteln. Früher konnte ich der erdigen Knolle nur wenig abgewinnen. Sie ist in den Wintermonaten fester Bestandteil unserer wöchentlichen Lieferung von der »Solidarischen Landwirtschaft«. Mit Glück schaffte sie es aufs Backblech zwischen das Ofengemüse oder wurde zusammen mit Äpfeln zu Saft verarbeitet. Doch meistens lag sie sehr, sehr lange ganz hinten im Gemüsefach des Kühlschranks … Jetzt aber habe ich eine tolle Verwendungsmöglichkeit gefunden, denn ihre Farbe ist einfach wundervoll! Ihr tiefroter Saft färbt Teige, Nudeln, Reis, Cremes und Getränke wie kein anderes natürliches Färbemittel. Und meistens schmeckt man sie nicht heraus. Sie ist auch mein Geheimtipp zum Färben von Sushireis, wenn ich den Teilnehmer:innen meines Sushikurses verrate, wie sie ihre Gäste beeindrucken können.

Natürlich möchte ich nicht allen meinen Rezepten in diesem Buch Rote-Bete-Saft hinzugeben. Es gibt noch viele andere Möglichkeiten, wie man seine Gerichte pinkfarben bekommt. Besonders für Süßes eignen sich Beeren: Heidelbeeren, Himbeeren, Brombeeren und Erdbeeren sind tolle Farbgeber, aber auch dunkle Kirschen und Cranberries kommen infrage.

Etwas seltener zu finden und kostspieliger ist die Pitahaya, auch bekannt als Drachenfrucht, die es mit hellem, aber auch mit tief pinkem Fruchtfleisch gibt.

Außerdem kann man von all diesen Beeren und Früchten gefriergetrocknete Fruchtpulver verwenden, die im Reformhaus, Drogeriemarkt oder online zu finden sind.

Dort gibt es auch ein Produkt, das als natürliche Lebensmittelfarbe deklariert wird. Dieses Pulver wird aus Pflanzenextrakten hergestellt. Bei roter bzw. pinker Farbe steckt meistens wieder die Rote Bete dahinter. Aber Vorsicht beim Färben von Schokolade: Sie dickt schnell ein, wenn das Pulver dazugegeben wird. Für ein optimales Ergebnis empfehle ich hier deshalb eine öllösliche Farbe.

Dann wäre da noch der mysteriöse Butterfly Pea Tea. Er färbt blau. Gibt man allerdings Zitrone dazu, wandelt er seine Farbe in Pink um. Sehr toll anzusehen!

Es muss aber nicht immer alles extra eingefärbt werden. Denn die Natur hält eine wunderbare Farbpalette bereit. Es gibt toll farbigen Kohl, Zwiebeln, Salate, Blüten, Äpfel mit rosa Fruchtfleisch und auch pinke Kartoffeln und Süßkartoffeln. Wenn sie eine der Hauptzutaten oder ein schönes Topping bilden, bekommt das Gericht schon ganz von allein das »pinke Extra«.

Eins haben aber alle pinken Lebensmittel und Gerichte gemeinsam: Sie machen Spaß und gute Laune – da soll noch mal einer sagen, die vegane Küche sei langweilig!

BESONDERE ZUTATEN
AUS MEINER VEGANEN ALLTAGSKÜCHE

Apfelessig

Apfelessig ist ein fruchtiger Obstessig, der durch Vergärung von Apfelwein hergestellt wird. Ich nutze ihn für Salatdressings, in Saucen und als Backtriebmittel in Verbindung mit Backpulver oder Natron. Ein Schuss Apfelessig im Mineralwasser ergibt ein erfrischendes, gesundes Getränk.

Chiasamen

Chiasamen kommen aus Südamerika und sind die Samen der *Salvia hispanica*, einer Salbeiart. Sie waren ein Grundnahrungsmittel der Azteken. Die kleinen Körner sind reich an Kalzium, Eiweiß und Omega-3-Fettsäuren und zählen zu den sogenannten Pseudogetreiden. Sie können viel Wasser aufnehmen und werden in der veganen Küche als Ei-Ersatz und Verdickungmittel genutzt. Ich verwende Chiasamen auch gern für rohe Marmeladen und Puddings, in Overnight Oats und Müsli oder Gebäck. Chiasamen bekommt man in Supermärkten, Drogerien und sogar beim Discounter.

Kala Namak

Kala Namak, auch Schwarzsalz oder Schwefelsalz genannt, ist ein aus Südasien stammendes Steinsalz mit geringen Mengen an Schwefelverbindungen. Es verleiht Speisen wie Rührtofu, Kartoffelsalat oder Avocado eine nach gekochtem Ei schmeckende Note. In Indien werden auch Obstsalate mit diesem Salz gewürzt. Es ist in Bio- und Asiamärkten, in Reformhäusern und im Versandhandel erhältlich. Ich verwende es im Rührtofu, in Saucen und manchmal auch in Gebäck.

Kichererbsenmehl

Kichererbsenmehl ist, wie der Name schon sagt, die gemahlene Kichererbse. Damit ist es glutenfrei. Die Hülsenfrucht wird in der veganen Küche sehr geschätzt und kann vielseitig verwendet werden, sei es in Hummus, im Falafelteig oder im Curry, aber auch in Süßspeisen. Das eiweißreiche Kichererbsenmehl ist ein gutes Bindemittel und wird gern als Ei-Ersatz verwendet: 1 EL Kichererbsenmehl mit 2 EL Wasser verrührt ersetzt ein Ei. Ich bin begeistert, wie gut eine Frittata damit gelingt. Erhältlich ist es in Supermärkten, in Drogerien und Biomärkten.

Pflanzenmilch

Es gibt inzwischen so viele Alternativen zu Kuhmilch! Mandelmilch, Sojamilch, Hafermilch, Kokosmilch, Erbsenmilch, Haselnussmilch, Cashewmilch, Dinkelmilch, Reismilch … Es gibt sie gesüßt und ungesüßt, geröstet, mit Kakako- und Vanillegeschmack und auch diverse Mischungen. Meine Lieblingsmilch ist Hafermilch mit ihrem leicht süßlichen Geschmack. Sie lässt sich aufschäumen und schmeckt auch im Kaffee. Zum Backen verwende ich sonst gerne Soja- oder Mandelmilch. Man muss sich einfach durchprobieren, um seinen Favoriten zu finden.

Apfelessig
Kicherbsenmehl
Chiasamen
Pflanzenmilch
Kala Namak

Quinoa
Tapiokastärke
Sojagranulat & Tofu
Vegane Butter
Tahin
Würzhefeflocken

Quinoa

Das Pseudogetreide Quinoa stammt aus Südamerika und diente dort schon den Andenvölkern vor über 6000 Jahren als nährstoffreiches Grundnahrungsmittel. Es ist eiweißreich, glutenfrei und leicht verdaulich. Quinoa ist schnell zubereitet und hat einen nussigen Geschmack. Vor dem Kochen sollte sie in einem engmaschigen Sieb gewaschen werden, um Bitterstoffe zu entfernen. Quinoa ist meine Lieblingsgrundzutat in Bowls und mittlerweile überall erhätlich.

Sojagranulat & Tofu

Sojagranulat wird aus entfettetem Sojamehl hergestellt und ist ein guter Hackfleischersatz, etwa für Chili sin Carne oder Burgerpattys. Es ist fettarm und muss vor der Verwendung in würziger Brühe ziehen, um Geschmack zu kriegen.
Um Tofu kommt man in der veganen Küche nicht herum. Er wird auch Bohnenquark oder Bohnenkäse genannt, weil er aus Sojabohnen hergestellt wird: Das Eiweiß der Sojamilch wird zum Gerinnen gebracht und in Blöcke gepresst. Es gibt unterschiedliche Arten von Tofu. Ich verwende Naturtofu für krosse Tofuwürfel, Räuchertofu in meiner Kartoffelsuppe und weichen Seidentofu für Süßspeisen oder im Omelette. Um Geschmack in den Tofu zu bekommen, sollte er entweder lange mariniert oder sehr scharf angebraten werden. Tofu und Sojagranulat bekommt man in jedem Supermarkt, in Drogerien, im Bio- und im Asiamarkt.

Tahin

Tahin ist eine cremige, nussig herbe Paste aus fein gemahlenen Sesamkörnen. Es kommt aus der arabischen Küche und ist für Hummus unverzichtbar. Ich nutze die Sesampaste auch zum Backen und in meiner Joghurt-Tahin-Sauce. Erhältlich ist sie im Super-, Asia- und Biomarkt sowie in Drogerien.

Tapiokastärke

Tapiokastärke wird aus der Maniokwurzel hergestellt und ist ein pflanzliches Verdickungs- und Bindemittel. Sie ist glutenfrei und geschmacksneutral. Diese Stärke eignet sich sehr gut zur Herstellung von veganen Käsegerichten, da sie beim Abbinden Fäden zieht und beim Überbacken eine Kruste entstehen lässt. Ich verwende sie auch im Wrapteig. Damit werden die Fladen schön biegsam. Tapiokastärke bekommt man im Bio- oder im Asialaden.

Vegane Butter

Pflanzliche Butter gibt es schon lange in Form von Margarine. Jedoch ist nicht jede Margarine vegan. Ich verwende gern vegane Butter, da sie eine feste Konsistenz hat und oft auch einen butterähnlichen Geschmack. Vegane Butter besteht aus pflanzlichen Fetten wie Kokos-, Palm, Sonnenblumen-, Chiaöl, Sheabutter, Sojaöl, Cashews, Rapsöl und Ähnlichem, sowie Wasser, Emulgatoren, Farbstoff und Salz. Beim Kauf sollte man auf Bioprodukte zurückgreifen, die möglichst nachhaltig angebaut werden. Vegane Butter bekommt man im Supermarkt und im Bioladen.

Würzhefeflocken

Die nährstoffreichen Hefeflocken werden aus getrockneter und damit inaktiver Hefe hergestellt, der Salz und Mehl zugesetzt werden. Sie werden als natürlicher Geschmacksverstärker eingesetzt und geben Speisen einen Käsegeschmack. Auch als Panade oder Parmesanersatz, vermischt mit Salz und gemahlenen Cashews oder Mandeln, sind sie gut geeignet. Außerdem binden sie Saucen. Erhältlich sind Hefeflocken in Bioläden und Reformhäusern, aber auch in gut sortierten Supermärkten und Drogerien. Ich liebe Hefeflocken und würze damit fast alles, was pikant ist.

Frühstück

Snacks

Suppen & Salate

Hauptgerichte

REZEPTE

Desserts — Kuchen & Gebäck — Getränke

FRÜHSTÜCK

FÜR JE 1 PORTION | ZUBEREITUNG: 5 MINUTEN, ZIEHZEIT: MIND. 1 STUNDE

OVERNIGHT OATS

Meal Prep ist eine super Sache: Wer morgens keine Zeit hat, Frühstück zu machen, oder sich gern etwas Leckeres mit zur Arbeit nehmen möchte, sollte sich abends ein kleines Weckglas mit Overnight Oats zubereiten. Das dauert keine 5 Minuten und ist allemal leckerer und gesünder als das belegte Brötchen vom Bäcker um die Ecke.

Schoko-Banane

40 g feine Haferflocken
100 ml Mandelmilch mit ¼ Banane püriert
1 TL Kakaopulver
2 TL Ahornsirup
¼ Banane in Scheiben als Deko an die Wand des Glases »geklebt«

Himbeer-Vanille

40 g feine Haferflocken
100 ml Mandelmilch mit 20 g (1 EL) Himbeeren (TK) püriert
1 Msp. gemahlene Vanille
1 TL Mandel- oder Cashewmus
2 TL Ahornsirup
1 EL Himbeeren als Topping

Erdnussbutter-Banane

40 g feine Haferflocken
100 ml Hafermilch mit 1 TL Erdnussbutter püriert
1 Msp. Zimt
¼ Banane
1 TL Ahornsirup
1 Prise Salz (optional)
1 EL gehackte Erdnüsse als Topping

Blaubeer-Vanille

40 g feine Haferflocken
100 ml Hafermilch mit 1 EL Heidelbeeren (TK) püriert
1 Msp. gemahlene Vanille
1 Msp. Zitronenabrieb
1–2 TL Ahornsirup
1 EL Heidelbeeren als Topping

Zubereitung

Jeweils die Zutaten für ein Glas vermischen und 1 Stunde oder über Nacht in einem gut verschließbaren Gefäß in den Kühlschrank stellen.

FÜR 370 G | ZUBEREITUNG GRANOLA: 20 MINUTEN + BACKZEIT: 15 MINUTEN

GRANOLA
MIT ERDBEERMILCH

Knuspermüsli kennen viele noch aus ihrer Kindheit. So süß und knackig, dass man es einfach pur aus der Packung naschen könnte. Dieses leckere Granola enthält garantiert mehr Beeren als jedes gekaufte Müsli.

ERDBEERMILCH: 10 MINUTEN | PINKFAKTOR: BEEREN

Granola

50 g Kokosöl
30 g Ahornsirup
1 EL Cashewmus
150 g kernige Haferflocken
50 g Mandeln, gehackt
30 g Sesam
15 g Himbeer- oder anderes Fruchtpulver
1 Prise Salz
½ TL gemahlene Vanille
50 g getrocknete Kirschen oder Cranberrys
15 g gefriergetrocknete Erdbeeren in Scheiben

Erdbeermilch

500 ml Mandelmilch
1 Handvoll Erdbeeren
Ahornsirup (nach Geschmack)

1. Den Backofen auf 160 °C (Ober-/Unterhitze) vorheizen und ein Backblech mit Backpapier auslegen.

2. In einem kleinen Topf das Kokosöl zusammen mit Ahornsirup und Cashewmus bei schwacher Hitze schmelzen lassen.

3. Haferflocken, Mandeln, Sesam, Himbeerpulver, Salz und Vanille vermischen und die Flüssigkeit darübergießen.

4. Alles gut vermischen und gleichmäßig auf dem Backblech ausbreiten. Im Ofen 10 Minuten backen, dann auf dem Blech einmal wenden und weitere 5 Minuten rösten, ggf. noch einmal wenden und noch 2 Minuten im Ofen lassen. Das Knuspermüsli immer im Auge behalten, da es sehr leicht zu dunkel werden kann. Wenn es goldbraun ist, in eine Schüssel geben und auskühlen lassen.

5. Kirschen und Erdbeeren unter das Granola heben und alles in ein großes Glas füllen.

6. Für die Erdbeermilch alle Zutaten mit einem Pürierstab vermixen.

PITAHAYA-MANDEL-CHIA-PUDDING

Der Chiapudding ist sowohl ein sättigendes Frühstück als auch ein leckerer Nachtisch. Und Pitahaya oder Drachenfrucht färbt ihn Gute-Laune-pink! Ersatzweise kann ein anderes Fruchtpulver verwendet werden. Nehmt Eure Lieblingspflanzenmilch und Obst oder Beeren nach Geschmack.

FÜR 2 PORTIONEN | ZUBEREITUNG: 10 MINUTEN, QUELLZEIT: 30 MINUTEN

- 4 EL Chiasamen
- 300 ml Mandelmilch, ungesüßt
- 1 EL Ahornsirup
- 1 Msp. gemahlene Vanille
- 50 g Marzipan
- 1–2 TL Pitahayapulver
- 1 frische Pitahaya oder andere Früchte

1. Die Chiasamen in die Mandelmilch einrühren und 30 Minuten quellen lassen, dabei gelegentlich umrühren, damit es keine Klumpen gibt.

2. Ahornsirup, Vanille und Marzipan dazugeben und alles pürieren. Die Hälfte des Puddings mit Pitahayapulver einfärben.

3. Den Chiapudding in zwei Gläsern anrichten und mit frischer Drachenfrucht dekorieren.

TIPP

Chiapudding lässt sich prima am Abend vorbereiten. Einfach über Nacht in den Kühlschrank stellen und schon hat man ein gesundes Frühstück für den nächsten Tag.

FÜR 2–3 PORTIONEN | ZUBEREITUNG: 15 MINUTEN | PINKFAKTOR: BEEREN

BLAUBEER-ZIMT-PORRIDGE

Nicht nur in der kalten Jahreszeit ist ein warmes Frühstück der perfekte Start in den Tag. Porridge lässt sich so vielfältig zubereiten und kann mit allerlei Toppings nach Lust und Laune verfeinert werden. Außerdem hält es lange satt.

600 ml Mandelmilch (oder andere Pflanzenmilch)
100 g Haferflocken
1 Prise Salz
1 Prise Zimt
1 EL Heidelbeeren (TK, ca. 30 g)
1–2 EL Ahornsirup
Zimt und Zucker zum Bestreuen
Toppings nach Belieben

1. Die Mandelmilch erhitzen, Haferflocken, Salz und Zimt dazugeben und aufkochen lassen.

2. Die Heidelbeeren unterrühren und 5 Minuten bei schwacher Hitze unter Rühren köcheln. Zum Schluss mit Ahornsirup süßen.

3. Das Porridge in Schälchen servieren, mit Zimt und Zucker bestreuen und mit beliebigen Toppings wie Beeren, Früchten, Schokolade, Mandeln und Nussmus genießen.

TIPP

Wer es noch cremiger mag, reduziert die Menge der Haferflocken.

FÜR 6–7 STÜCK | ZUBEREITUNG: 30 MINUTEN

BANANEN-PANCAKES

Ein kleiner Pancake-Turm lässt nicht nur Kinderaugen strahlen. Das Türmchen zu dekorieren, macht großen Spaß und versüßt den Start in den Tag gleich doppelt.

100 g Mehl
1 EL Zucker
1 TL Pitahayapulver
½ TL Backpulver
1 Prise Salz
½ reife Banane
1 TL Zitronensaft
100 ml Hafermilch
20 ml Sprudelwasser
etwas Kokosöl
Nussmus, pflanzliche Sahne, Bananenscheiben oder anderes Obst, Sojaprotein-Crispies oder gepuffter Amaranth (nach Belieben)

1. Mehl, Zucker, Pitahayapulver, Backpulver und Salz vermischen.

2. Die halbe Banane zusammen mit dem Zitronensaft mit einer Gabel zerdrücken. Die Hafermilch zum Bananenmus geben.

3. Diese Mischung rasch mit der Mehlmischung verrühren und zuletzt das Sprudelwasser dazugeben. Den Teig 5–10 Minuten stehen lassen.

4. Ein wenig Kokosöl in eine Pfanne geben und bei mittlerer Hitze die Pancakes auf jeder Seite ca. 2 Minuten ausbacken.

5. Zum Servieren aufstapeln und nach Belieben mit Nussmus, Sahne, Obst und etwas »Crunchigem« genießen.

FÜR 8 STÜCK | ZUBEREITUNG: 50 MINUTEN, GEHZEIT: 20 MINUTEN, BACKZEIT: 25–30 MINUTEN

PINK BAGELS

Bagels haben mein Mann und ich schon früher gern gegessen, als wir Ende der 90er als junges Paar zusammen in Hamburg wohnten. Es gab sogar ein Restaurant, das nur Bagels servierte. Auf dem kleinen, klapprigen Herd unserer Wohnung haben wir das erste Mal selber welche zubereitet. Ich erinnere mich noch genau an die seltsam geformten Klumpen, die im Wasser gekocht werden mussten. Geschmeckt haben sie trotzdem. Hier die beerige Version für rosa Himbeerbagels oder lila Heidelbeerbagels, die beide süß oder herzhaft belegt werden können.

150 g Himbeeren (TK) oder Heidelbeeren (TK) (oder gemischt)
½ Würfel Hefe
1 EL Olivenöl
550 g helles Weizenmehl
50 g Maisstärke
2 EL Zucker
1 TL Salz

Zum Kochen

2 TL Zucker
2 TL Natron

Zum Backen

½ TL Zucker
1 Schuss Pflanzenmilch
Sesam, Mohn, Kürbiskerne, Sonnenblumenkerne o. Ä.

1. Die Beeren bei mittlerer Hitze in einem Topf auftauen und einmal kurz aufkochen, dann abkühlen lassen.

2. Die Hefe in 250 ml lauwarmem Wasser auflösen und das Olivenöl dazugeben.

3. Mehl, Stärke, Zucker und Salz vermischen. Das Hefewasser und die abgekühlten Beeren dazugeben und alles zu einem geschmeidigen Teig verkneten. Den Teig abgedeckt 20 Minuten gehen lassen.

4. Den gegangenen Teig kurz durchkneten und in acht gleich große Stücke teilen. Aus jedem Stück ein Brötchen mit einem Loch in der Mitte formen. Das geht am besten mit leicht bemehlten Händen.

5. Den Ofen auf 180 °C (Ober-/Unterhitze) vorheizen und ein Blech mit Backpapier belegen.

6. In einem Topf 2 l Wasser, 2 TL Zucker und 2 TL Natron zum Kochen bringen.

7. Jeweils 1–3 Bagels vorsichtig ins Wasser legen und 30 Sekunden von jeder Seite kochen, dann mithilfe einer Schöpfkelle auf das Backblech legen.

8. Den Zucker in die Pflanzenmilch einrühren. Die Oberseiten mit der Mischung bepinseln und nach Belieben dekorieren.

9. Die Bagels für 25–30 Minuten auf der mittleren Schiene backen und dann auskühlen lassen.

TIPP

Die Bagels schmecken mit veganem Frischkäse und Beeren belegt, aber auch herzhaft mit Salat, Gurke, Avocado, Radieschen, Tomaten und Kresse, da der Teig nur sehr leicht gesüßt ist.

WECK
WECK

CHIA-HIMBEER-MARMELADE

Diese Marmelade wird ohne Kochen zubereitet!

FÜR 2 GLÄSER | ZUBEREITUNG: 5 MINUTEN, QUELLZEIT: 1 STUNDE

300 g Himbeeren (TK)
3 EL Agavendicksaft
2 EL Chiasamen (20 g)

1. Die Himbeeren antauen lassen.

2. Den Agavendicksaft und die Chiasamen dazugeben und alles pürieren.

3. Für mindestens 1 Stunde oder über Nacht in den Kühlschrank stellen und dann in Gläser abfüllen. Die Chiamarmelade hält sich im Kühlschrank ein paar Tage.

PINKFAKTOR: BEEREN

TIPPS

» Natürlich kann man auch andere Beeren oder Früchte verwenden, mehr oder weniger süßen und die Marmelade nach Lust und Laune mit Vanille, Zimt etc. verfeinern.

» Die Mamelade passt sehr gut zu Nicecream, Waffeln und Milchreis.

» Die Beeren können auch kurz aufgekocht werden. Die Chiasamen nach kurzer Abkühlzeit unterrühren. Wenn sie anfangen zu quellen, kann die Marmelade in abgekochte Gläser abgefüllt werden. Dann hält sie sich etwas länger als die rohe Version.

BLITZBROT: FÜR 1 LAIB | ZUBEREITUNG: 15 MINUTEN, BACKZEIT: 45 MINUTEN

BLITZBROT
MIT CASHEWFRISCHKÄSE

Sonntagmorgen und kein Brot mehr da? Mit diesem Rezept zaubert Ihr in einer Stunde einen duftenden, frischen Laib Brot auf den Frühstückstisch.

500 g helles Weizenmehl
1 Päckchen Backpulver
1 TL Brotgewürz (Fenchel, Kümmel, Anis, Koriander)
1 TL Salz
500 ml Sojamilch (oder andere Pflanzenmilch)
etwas Fett für die Form

Variante Zwiebelbrot

50 g Röstzwiebeln und 50 g veganen Streukäse zugeben.

Blitzbrot

1. Den Ofen auf 200 °C (Ober-/Unterhitze) vorheizen. Eine Kastenform einfetten.

2. Das Mehl mit Backpulver, Brotgewürz und Salz vermischen und die Sojamilch unter Rühren dazugießen.

3. Den (sehr klebrigen) Teig in die Form geben, mit einem feuchten Löffel glatt streichen und 45 Minuten backen.

4. Eventuell das Brot 10 Minuten vor Ende der Backzeit mit Alufolie abdecken, damit es nicht zu dunkel wird.

---

200 g Cashewkerne
½ TL Salz
2 Kapseln Probiotika (nur der Inhalt)
2 EL Rote-Bete-Saft

Cashewfrischkäse

1. Die Cashews mit 200 ml Wasser und den anderen Zutaten im Hochleistungsmixer zu einer Creme verarbeiten.

2. Die Creme in ein Glas füllen und mit einem Deckel locker verschließen oder mit einem Papiertuch und Gummiband abdecken. Das Glas 24 Stunden bei Raumtemperatur stehen lassen.

3. Wenn sich kleine Bläschen gebildet haben und die Creme leicht säuerlich schmeckt, ist der Cashewfrischkäse fertig. Dann sollte er im Kühlschrank aufbewahrt werden. Er schmeckt auch im Salat oder auf einer Bowl.

FRISCHKÄSE: FÜR 400 G | ZUBEREITUNG: 10 MINUTEN, FERMENTIERZEIT: 24 STUNDEN

PINKFAKTOR: ROTE-BETE-SAFT

FÜR 8 STÜCK | ZUBEREITUNG: 40 MINUTEN | PINKFAKTOR: ROTE-BETE-WRAP

FRÜHSTÜCKSWRAPS
MIT RÜHRTOFU

Leckere Gemüsewraps aus Rote-Bete- oder Karottentrester für dieses deftige Frühstück findet man im Kühlregal eines gut sortierten Supermarktes. Wer sie selbst machen möchte, wird auf S. 107 fündig.

Rührtofu

400 g Tofu Natur
1 Zwiebel
4 EL Olivenöl
1 gestr. TL Kala Namak
1 gestr. TL Kurkuma
400 g Seidentofu
etwas Pfeffer
1 Bund frischer Schnittlauch

8 EL vegane Mayonnaise
2 EL Sriracha
8 Rote-Bete-Wraps
2 Hände voll frische Spinatblätter (oder Salat nach Wahl)
2 Avocados

1. Den Naturtofu trocken tupfen, in eine Schüssel geben und mit einem Kartoffelstampfer oder einer Gabel gut zerbröseln.

2. Die Zwiebel fein würfeln und in einer Pfanne mit dem Olivenöl glasig dünsten.

3. Den zerbröselten Tofu dazugeben und mit anbraten. Mit Kala Namak und Kurkuma würzen.

4. Den Seidentofu locker unterheben und mit warm werden lassen.

5. Zum Schluss etwas Pfeffer über den Rührtofu geben und mit klein geschnittenem Schnittlauch verfeinern.

6. Mayo und Sriracha verrühren.

7. Je einen Wrap mit 1 EL Sriracha-Mayo mittig bestreichen, einige Blätter Spinat und ¼ Avocado in Scheiben darauflegen und 2–3 EL Rührtofu dazugeben. Den Wrap von unten ein kleines Stück einschlagen und dann die Seiten über die Füllung klappen.

SNACKS

BLISS BALLS

Diese Kügelchen verleihen sofort neue Energie!

FÜR 12 STÜCK | ZUBEREITUNG: 25 MINUTEN | PINKFAKTOR: FRUCHTPULVER

100 g Cashewkerne
120 g weiche Medjool-Datteln (entkernt)
10 g dunkles Kakaopulver
1 Prise gemahlene Vanille
etwas Zitronenabrieb
1 Prise Salz
Himbeerpulver und Kakaopulver zum Wälzen
(½ TL Kokosöl oder Zitronensaft, falls der Teig zu trocken ist)

1. Die Cashewkerne im Mixer zerkleinern. Datteln, Kakaopulver, Vanille, Zitronenabrieb und Salz dazugeben und alles zu einer gleichmäßigen Masse weitermixen.

2. Aus dem Teig zwölf Kugeln formen und diese in Himbeerpulver und Kakaopulver wälzen.

TIPP

Zum Wälzen eignen sich auch Kokosraspel, Sesam oder gehackte Pistazien.

FÜR 9 STÜCK | ZUBEREITUNG: 20 MINUTEN

ERDNUSSBUTTER-HAPPEN

Wer einen süßen Zahn hat, sollte diesen gehalt vollen Snack unbedingt ausprobieren!

- 270 g Erdnussbutter
- 80 g Ahornsirup
- 1 Msp. Salz
- 40 g gepuffter Dinkel (o. Ä.)
- 40 g Cornflakes
- 30 g Erdnüsse, gehackt
- 160 g weiße vegane Schokolade
- 2 TL Nussmus (Erdnuss, Cashew oder Mandel)
- natürliche oder öllösliche Lebensmittelfarbe (Menge je nach gewünschter Farbintensität)

1. Die Erdnussbutter im Wasserbad flüssig werden lassen. Ahornsirup und Salz dazugeben.

2. Dinkel, Cornflakes und Erdnüsse vermengen, die Erdnussbuttermischung darübergießen, alles gut vermischen und in eine Form (etwa 20 cm × 20 cm) drücken.

3. Die Schokolade mit 2 TL Nussmus ebenfalls im Wasserbad schmelzen. In die Hälfte der Schokolade etwas Lebensmittelfarbe einrühren. Ist die Farbe nicht öllöslich, muss die gefärbte Schokolade nun schnell verarbeitet werden, da sie sonst eindickt.

4. Die beiden Schokoladefarben abwechselnd über allem verteilen und mit einem Stäbchen ein Marmormuster ziehen. Die Form für mindestens eine Stunde in den Tiefkühlschrank stellen.

5. Wenn die Masse fest ist, kann sie mit einem Messer in neun Quadrate geschnitten werden.

TIPP

Die Erdnussbutterhappen können einzeln entnommen und zur Aufbewahrung wieder in den Tiefkühlschrank gestellt werden. Zum ersten Anschneiden sollten sie etwas antauen.

ERDBEER-POPCORN

Für die Kindergeburtstage habe ich mir vor vielen Jahren eine kleine Popcornmaschine gekauft. Sie funktioniert mit Heißluft und hat sich schon sehr bewährt. Allein der Duft, wenn sich der Topf langsam füllt. Herrlich!

FÜR 1 GROSSE SCHÜSSEL | ZUBEREITUNG: 15 MINUTEN

80 g Popcornmais
80 g vegane Salzbutter
30 g Puderzucker
20 g Erdbeer- oder Himbeerpulver

1. Das Popcorn mit einer Popcornmaschine oder in einer Pfanne (dann mit etwas Öl) zubereiten.

2. Die Butter zerlassen, Puderzucker mit Fruchtpulver vermischen und einrühren.

3. Die Butter über das Popcorn geben und gut vermischen.

FÜR CA. 250 G | ZUBEREITUNG: 35 MINUTEN

PINKFAKTOR: FRUCHTPULVER

GEBRANNTE SCHOKOMANDELN

Zur Weihnachtszeit dürfen bei uns die gebrannten Mandeln nicht fehlen. Diese Schokoversion setzt ihnen noch das Krönchen auf. Sie schmecken als süße Knabberei oder als Topping auf Eis und Dessert.

150 g Zucker
1 Msp. gemahlene Vanille
1 Prise Salz
150 g Mandeln
100 g weiße vegane Schokolade
50 g Puderzucker
2 TL Pitahayapulver (oder anderes Fruchtpulver)

1. Ein Blech mit Backpapier auslegen.

2. 80 ml Wasser in eine flache Pfanne geben. Zucker, Vanille und Salz darin auflösen und alles zum Kochen bringen. Die Mandeln dazugeben und so lange bei mittlerer Hitze köcheln lassen, bis das Wasser verdampft ist und der Zucker bröckelig wird. Dann weiterrühren und abwarten. Der Zucker beginnt zu schmelzen und legt sich um die Mandeln. (Aufpassen, dass er nicht anbrennt!)

3. Die karamellisierten Mandeln auf das Backpapier geben und mit einer Gabel auseinanderziehen, damit sie nicht aneinander festkleben.

4. Die Schokolade im Wasserbad schmelzen und die Mandeln darin wenden.

5. Puderzucker und Pitahayapulver vermischen und in eine verschließbare Dose geben. Die Mandeln dazugeben und schütteln, sodass sie von allen Seiten gleichmäßig eingepudert werden.

6. Alles erneut auf das Backpapier schütten und trocknen lassen. Dann in ein verschließbares Glas geben und gut verstecken, damit sie den Tag überleben …

FÜR 4–6 PORTIONEN | ZUBEREITUNG: 15 MINUTEN | PINKFAKTOR: MELONE

MELONENPOMMES MIT DIP

Die gesündesten Pommes der Welt! Davon dürfen es auch gleich mehrere Schälchen voll sein.

1 (kernarme) Wassermelone
200 g veganer Frischkäse
100 g Kokosjoghurt
1 Schuss Limettensaft
2 EL Ahornsirup
etwas Limettenabrieb
einige Blätter Zitronenmelisse

1. Die Melone in Scheiben schneiden und mit einem Wellenschneider »Pommes« herausstechen. Alternativ das Fruchtfleisch in Stäbchen schneiden.

2. Die übrigen Zutaten zu einem cremigen Dip verrühren und beides zusammen servieren.

TIPP

Auch ein pikanter Dip (S. 49) passt prima zu den süßen Melonenpommes.

FÜR 3–4 PERSONEN | ZUBEREITUNG: VARIABEL | PINKFAKTOR: DIVERSES

SNACKPLATTE SÜSS

Wie wäre es zum Mädelsabend, am Geburtstag oder Valentinstag mit einer liebevoll angerichteten süßen Snackplatte? Je nachdem, wie viel Zeit man sich für die Vorbereitung nehmen möchte, kann man mit selbstgemachten und gekauften Köstlichkeiten variieren.

Waffeln (S. 138)
20 g weiße vegane Schokolade
natürliche oder öllösliche Lebensmittelfarbe (Menge je nach gewünschter Farbintensität)
1 Handvoll Minibrezeln
200 g Wassermelone
70 g Erdbeeren
100 g Sojajoghurt (Heidelbeere)
250 g Weintrauben
3–4 Schokokekse
3–4 Bonbons
1 Handvoll vegane Weingummiherzen
einige Johannisbeeren

1. Die Waffeln backen.

2. Die Schokolade im Wasserbad schmelzen und die Farbe einrühren. Die Minibrezeln jeweils zur Hälfte eintauchen, dann auf ein Backpapier legen und kühl stellen.

3. Die Wassermelone in Dreiecke schneiden und die Erdbeeren halbieren.

4. Den Joghurt in ein kleines Schälchen füllen.

5. Alles zusammen mit den übrigen Zutaten auf einem runden Servierbrett (Durchmesser 30 cm) anrichten.

SNACKPLATTE PIKANT

Für meinen Mann dürfen es lieber pikante Snacks sein. Für ihn und alle, die es auch eher deftig mögen, ist diese Platte also das Richtige.

FÜR 3–4 PERSONEN | ZUBEREITUNG: 70 MINUTEN | PINKFAKTOR: DIVERSES

Mini-Falafel (S. 118, ½ Menge)
3 Karotten (200 g)
120 g eingelegte Rote Bete in Scheiben
1 Handvoll Radieschen
1 Handvoll Kalamata-Oliven
1 Handvoll Stachelbeeren
70 g Rote-Bete-Cracker
80 g vegane Salami

Dip

75 g veganer Feta
100 g veganer Skyr (Natur)
1 EL Olivenöl
1 kleine Knoblauchzehe
2 EL Einlegewasser der Roten Bete
Salz, Pfeffer, Chiliflocken

1. Die Falafel zubereiten.

2. Die Karotten schälen und in dünne Sticks schneiden.

3. Die Rote-Bete-Scheiben abgießen und das Einlegewasser auffangen.

4. Die Radieschen putzen und ggf. halbieren.

5. Die Zutaten für den Dip in einem hohen Gefäß mit dem Pürierstab zu einem cremigen Dip verarbeiten.

6. Den Dip und die Rote Bete in kleine Schälchen geben und alles auf einer Platte (ca. 28 cm × 28 cm) anrichten.

ZWIEBEL-PICKLES

Ein Glas mit pinken Zwiebelringen haben wir immer im Kühlschrank. Sie halten sich lange und geben so vielen Gerichten oder belegten Broten den besonderen Kick.

FÜR 1 GLAS (800 ML) | ZUBEREITUNG: 20 MINUTEN, EINLEGEZEIT: EINIGE STUNDEN

PINKFAKTOR: ROTE ZWIEBELN

3 rote Zwiebeln (ca. 270 g)
1 Scheibe Zitrone
250 ml Weißweinessig
2 EL Zucker
1 EL Salz
2 Lorbeerblätter
1 TL Koriandersamen, ganz

1. Die Zwiebeln schälen und in dünne Ringe schneiden.

2. Ein Vorratsglas (800 ml) mit heißem Wasser ausspülen, die Ringe und die Zitrone hineingeben.

3. 250 ml Wasser, Weißweinessig, Zucker, Salz, Lorbeerblätter und Koriandersamen kurz aufkochen lassen und auf die Zwiebelringe gießen.

4. Alles etwas vermischen und nach unten ins Glas drücken.

5. Das Glas verschließen, abkühlen lassen und im Kühlschrank lagern.

6. Die Zwiebeln können schon nach wenigen Stunden oder am nächsten Tag verzehrt werden. Sie sind dann mild, säuerlich und wunderschön pink!

SUPPEN & SALATE

FÜR 4 PORTIONEN | ZUBEREITUNG: 50 MINUTEN | PINKFAKTOR: KARTOFFELN

KARTOFFELSUPPE
MIT RÄUCHERTOFU

750 g rotfleischige Kartoffeln
1 Karotte, lila oder orange (ca. 100 g)
1 Apfel (ca. 100 g)
1 rote Zwiebel (ca. 80 g)
2 EL Öl
700 ml Gemüsebrühe
150 g Räuchertofu
1 EL Sojasauce
100 ml Hafersahne plus mehr für die Deko
1 Msp. Muskatnuss
etwas Pfeffer
1 Bund Schnittlauch oder Petersilie

1. Kartoffeln, Karotte und Apfel schälen und in grobe Stücke schneiden.

2. Die Zwiebel schälen und hacken.

3. 1 EL Öl in einen Topf geben und die Zwiebel darin anschwitzen.

4. Gemüsebrühe, Kartoffeln, Karotte und Apfel dazugeben und alles ca. 25 Minuten kochen lassen, bis das Gemüse weich ist.

5. In der Zwischenzeit den Räuchertofu klein würfeln und in einer heißen Pfanne im restlichen Öl unter häufigem Wenden kross braten. Mit der Sojasauce ablöschen und beiseitestellen.

6. Die Hafersahne zur Suppe geben und alles mit dem Pürierstab gründlich pürieren. Mit Muskatnuss und Pfeffer würzen.

7. Die Kartoffelsuppe auf Schüsseln verteilen und mit gehackter Petersilie oder Schnittlauch, den Tofuwürfeln und je 1 TL Hafersahne servieren.

PINKFAKTOR: ROTKOHL, CRANBERRYS

ROTKOHLSUPPE
MIT KOKOSMILCH

Wenn es draußen grau und ungemütlich ist, kommt dieser bunte Vitaminbooster gerade recht.

FÜR 4 PORTIONEN | ZUBEREITUNG: 45 MINUTEN, KOCHZEIT: 40 MINUTEN

1 Zwiebel
15 g frischer Ingwer
600 g Rotkohl
550 g Kartoffeln
1 EL Oliven- oder Kokosöl
1 TL Zimt
½ TL Kreuzkümmel
½ TL Chiliflocken plus mehr zum Abschmecken
700 ml Gemüsebrühe
250 ml Kokosmilch
2 EL Balsamicoessig
Salz

Toppings

3 Scheiben (Saaten-)Brot
1 EL vegane Salzbutter
1 Prise Zimt
1 Prise Chiliflocken
etwas Basilikum, gehackt
1 Handvoll getrocknete Cranberrys

1. Zwiebel und Ingwer hacken, den Rotkohl grob klein schneiden. Die Kartoffeln schälen und ebenfalls grob klein schneiden.

2. Zwiebel und Ingwer in einem Topf in Öl anschwitzen. Den Kohl dazugeben und unter Rühren kurz mitbraten. Kartoffeln, Zimt, Kreuzkümmel und Chiliflocken dazugeben und alles mit Brühe aufgießen.

3. Die Suppe 20 Minuten köcheln lassen, dann die Kokosmilch dazugeben und noch mal etwa 20 Minuten köcheln lassen, bis Kartoffeln und Kohl weich sind. Danach alles pürieren und mit Balsamico, Salz und Chiliflocken abschmecken.

4. Die Brotscheiben in Würfel schneiden und in einer Pfanne mit Butter, Zimt und Chiliflocken anrösten.

5. Die Suppe mit den Brotwürfeln, Basilikum und Cranberrys toppen und servieren.

FÜR 4 PORTIONEN | ZUBEREITUNG: 40 MINUTEN | PINKFAKTOR: MELONE

MELONEN-GAZPACHO

An heißen Tagen bereite ich gern diese kalte Gemüsesuppe vor. Wassermelone, die ja genau genommen auch ein Gemüse ist, da sie zu den Kürbisgewächsen zählt, harmoniert mit ihrer fruchtigen Süße prima mit den übrigen Zutaten.

2 Scheiben Toastbrot
3 Tomaten (ca. 350 g)
850 g Wassermelone
100 ml passierte Tomaten
½ Stange Sellerie
1 rote Zwiebel (ca. 60 g)
1 Knoblauchzehe
½ Salatgurke
½ Chili (nach Geschmack)
4 EL Olivenöl
2 EL Weißweinessig
Saft von ½ Limette
1–2 TL Italienische Kräuter
1 TL Salz
Pfeffer

Toppings

Melonenkugeln
½ Stange Sellerie
Gurken- und Tomatenwürfel
Brotcroûtons aus der Toastrinde
frischer Thymian
frisches Basilikum
veganer Feta
etwas Olivenöl
Chiliringe

1. Die Toastscheiben entrinden und in Wasser einweichen. Die Rinde für die Brotcroûtons aufheben.

2. Die Tomaten über Kreuz einritzen, mit kochendem Wasser übergießen und häuten, vierteln und entkernen.

3. Die Melone halbieren, fürs Topping einige Kugeln ausstechen und das restliche Fruchtfleisch in einen Mixer geben. Passierte Tomaten dazugießen.

4. Den Sellerie klein schneiden, Zwiebel, Knoblauch und Gurke schälen und grob zerkleinern, die Chili entkernen und alles mit in den Mixer geben. Olivenöl, Essig, Limettensaft, Kräuter, Salz und Pfeffer hinzufügen. Das Toastbrot ausdrücken und ebenfalls dazugeben.

5. Alles gründlich mixen und bis zum Servieren in den Kühlschrank stellen.

6. Die Toppings nach Belieben vorbereiten.

7. Die Suppe auf Teller verteilen und mit den Toppings dekorieren.

FÜR CA. 500 G | ZUBEREITUNG: 30 MINUTEN, EINWEICH- UND QUELLZEIT: 20 MINUTEN, KÜHLZEIT: MIND. 2 STUNDEN

CASHEW-MOZZARELLA
MIT ERDBEEREN

PINKFAKTOR: ERDBEEREN

100 g Cashewkerne
200 ml Hafermilch
4 EL Flohsamenschalen
2 EL Zitronensaft
½ TL Salz
½ Salatgurke
1 Handvoll frische Erdbeeren
einige Blätter Basilikum
1–2 EL Olivenöl plus mehr zum Garnieren
1 EL Balsamicocreme
1 TL Italienische Kräuter
1 EL Pistazienkerne, gehackt
Salz, Pfeffer

1. Die Cashews mit kochendem Wasser übergießen und 20 Minuten einweichen lassen.

2. 200 ml Wasser und die Hafermilch zusammengießen und die Flohsamenschalen einrühren. Die Mischung 15 Minuten quellen lassen.

3. Die eingeweichten Cashews abgießen und zusammen mit Flohsamenschalen, Zitronensaft und Salz im Mixer zu einer glatten Masse verarbeiten.

4. Den entstandenen weichen Mozzarella in eine oder mehrere Schälchen streichen und im Kühlschrank schnittfest werden lassen.

5. Den Mozzarella herausnehmen und nach Belieben in Scheiben schneiden.

6. Mit Gurkenscheiben, Erdbeeren und Basilikum anrichten, Olivenöl und Balsamicocreme darüberträufeln, die Italienischen Kräuter darüberstreuen und mit Pistazien und Olivenöl garnieren. Mit Salz und Pfeffer abschmecken.

TIPP

Der Cashewmozzarella schmeckt als Caprese, im Salat, auf frischem Brot oder auch auf Pizza.

FÜR 4–6 PORTIONEN | ZUBEREITUNG: CA. 60 MINUTEN

SÜSSKARTOFFEL-MANGO-SALAT

Ein frischer Salat, der satt macht!

PINKFAKTOR: GRANATAPFEL, SÜSSKARTOFFEL

50 g geröstete ungesalzene Erdnüsse
1 Granatapfel
1 längliche violette Süßkartoffel (ca. 380 g)
1 Frühlingszwiebel
1 Bund Petersilie
1 frische Mango
1 frische rote Chilischote (optional)

Dressing

80 g Kokosöl
80 g dunkles Mandelmus
1–2 TL Garam Masala
1 TL Kurkuma
1 TL Zimt
½ TL Kreuzkümmel
Saft von 1–2 Limetten
Abrieb von 1 Limette
2 EL Sojasauce
1 Knoblauchzehe
1 Stück Ingwer (ca. 15 g)

1. Zuerst das Dressing zubereiten: Das Kokosöl erwärmen, damit es flüssig wird. Mandelmus, Garam Masala, Kurkuma, Zimt, Kreuzkümmel, Limettensaft und -abrieb und Sojasauce dazugeben. Den Knoblauch dazupressen. Den Ingwer darüberreiben und alles mit einem Pürierstab oder Schneebesen vermixen.

2. Für den Salat die Erdnüsse grob hacken. Die Kerne des Granatapfels herauslösen (am besten in einer Schüssel mit Wasser, dann spritzt es nicht). Die Süßkartoffel schälen und mit einer Küchenreibe raspeln oder spiralisieren.

3. Die Frühlingszwiebel in feine Ringe schneiden und die Petersilie hacken. Die Mango schälen und in feine Streifen schneiden. Alles außer den Erdnüssen vermischen und nach Belieben frische Chili in feinen Ringen dazugeben.

4. Das Dressing über den Salat gießen, gut vermischen und mit den Erdnüssen toppen.

TIPP

Die Süßkartoffel kann roh verwendet werden oder man kann die Spiralen für 3–5 Minuten dämpfen.

FÜR 2 PORTIONEN | ZUBEREITUNG: 20 MINUTEN

WASSERMELONEN-FETA-SALAT

Dieser Salat ist für mich der ultimative Sommersalat! Sobald es die ersten richtig reifen Wassermelonen des Jahres gibt, muss ich ihn zubereiten und dann am besten draußen genießen.

1 kleine Wassermelone
1 Pckg. veganer Feta
1 kleine Frühlingszwiebel
1 guter Schuss Olivenöl
Saft von ½ Zitrone
1 Handvoll Heidelbeeren
einige frische Minzblätter
Salz, Pfeffer

1. Die Wassermelone halbieren, das Fruchtfleisch herausnehmen und in Würfel schneiden.

2. Den Feta ebenfalls würfeln und zu den Melonenwürfeln geben. Die Frühlingszwiebel in feine Ringe schneiden und untermischen.

3. Olivenöl mit Zitronensaft, Salz und Pfeffer zu einem Dressing verarbeiten.

4. Alles in den Melonenhälften zusammen mit Heidelbeeren und Minzblättern anrichten.

TIPP

Auch etwas Rucola passt super in diesen Salat.

ROTKRAUTSALAT

Dieser Salat ist eines meiner Basicrezepte. Rotkrautsalat ist nicht nur unheimlich dekorativ, er ist super zu kombinieren, z. B. in leckeren Bowls, Wraps, Sommerrollen oder im Salatteller. Außerdem ist er kalorienarm und enthält viel Vitamin C.

FÜR 4 PORTIONEN | ZUBEREITUNG: 15 MINUTEN | PINKFAKTOR: ROTKOHL

½ Rotkohl
(ca. 700 g ohne Strunk)
Saft von 1 großen Zitrone
Saft von 1 Orange
50 ml Olivenöl
1 gestr. TL Salz (ca. 5 g)
etwas Pfeffer

1. Den Rotkohl fein schneiden oder mithilfe einer Küchenmaschine raspeln.

2. Zitronensaft, Orangensaft, Olivenöl, Salz und Pfeffer dazugeben und alles gründlich vermischen.

3. Wenn der Salat eine Nacht im Kühlschrank durchzieht, schmeckt er noch besser und wird etwas weicher. Er hält sich 2–3 Tage im Kühlschrank.

CREMIGER RADIESCHENSALAT

FÜR 4 PORTIONEN | ZUBEREITUNG: 15 MINUTEN | PINKFAKTOR: RADIESCHEN

2 Bund Radieschen (ca. 400 g)
etwas frischer Schnittlauch
150 g vegane Crème fraîche
1 TL Zitronensaft
½ TL Dill, frisch oder getrocknet
½ TL Salz
Pfeffer
3 EL schwarzer Sesam

1. Die Radieschen in feine Scheiben schneiden.

2. Den Schnittlauch fein schneiden.

3. Crème fraîche mit Zitronensaft verrühren, Dill, Salz und Pfeffer dazugeben.

4. Die Radieschenscheiben unterheben und den Sesam darüberstreuen.

ZITRONIGE CASHEWSAUCE

Diese Sauce schmeckt sowohl zum Salat als auch in einer Bowl oder zu gedämpftem Gemüse mit Kartoffeln.

FÜR 400 ML | ZUBEREITUNG: 15 MINUTEN

100 g Cashewmus
200 ml Hafersahne
50 ml Rote-Bete-Saft
2 TL Kapern
2 TL mittelscharfer Senf
4 EL Zitronensaft
etwas Zitronenabrieb
2 EL Würzhefeflocken
½ TL Salz
etwas Pfeffer

1. Alle Zutaten plus 50 ml Wasser in einem Mixer oder mit einem Pürierstab durchmixen.

TIPPS

» Ein Teil des Cashewmus kann auch durch Sonnenblumenkerne ersetzt werden.

» Wenn ich etwas von der Sauce übrig habe, gebe ich eine Kapsel Probiotika dazu und lasse sie draußen stehen. So habe ich am nächsten oder übernächsten Tag eine fermentierte Sauce.

WECK

OMAS ROTE-BETE-SALAT

Rote Bete habe ich erst in dieser Form wieder lieben gelernt. Meine Mutter hat den Salat immer gern zubereitet und ich habe ihn als Kind oft gegessen, danach aber fast vergessen. Unsere Kinder haben ihn dann von Oma frisch gerieben bekommen. Zur Freude von Opa übrigens: Der konnte dann immer lustige Bilder von den pink verschmierten Gesichtern machen.

FÜR 3–4 PORTIONEN | ZUBEREITUNG: 15 MINUTEN | PINKFAKTOR: ROTE BETE

250 g frische Rote Bete
300 g Äpfel
Saft von 1 Zitrone
50 g Pistazienkerne, Pekannüsse oder Walnüsse

1. Die Rote Bete schälen und mit einer Vierkantreibe grob raspeln. Die Äpfel ebenfalls raspeln (Schale kann dranbleiben).

2. Zitronensaft und gehackte Pistazien oder Nüsse unterrühren.

FÜR 6 PORTIONEN | ZUBEREITUNG: 40 MINUTEN

KARTOFFELSALAT

PINKFAKTOR: KARTOFFELN, RADIESCHEN

Dieses Rezept hat es schon ins Wochenblatt meiner Heimatstadt Buchholz geschafft. Das Original stammt von meiner Mutter. Hier habe ich den Salat mit den rosaroten Kartoffeln der Sorte Emmalie zubereitet. Sie sind festkochend und haben sowohl eine rote Schale als auch rotes Fruchtfleisch. Das Schwefelsalz Kala Namak sorgt für einen eiartigen Geschmack.

- 1,2 kg rotfleischige Kartoffeln (z. B. Rote Emmalie oder Heiderot)
- 2 rote Zwiebeln
- 300 ml Gemüsebrühe
- 1 Bund Radieschen
- 1 Glas Gewürzgurken (Abtropfgewicht 190 g), Gurkenwasser aufheben
- ½ Salatgurke
- 1 Glas vegane Salatmayonnaise (250 ml)
- 2 EL Senf
- ½ TL Kala Namak
- 1 Bund Schnittlauch
- Salz, Pfeffer

1. Die Kartoffeln kochen, abkühlen lassen, pellen und in Scheiben schneiden.

2. Während die Kartoffeln kochen, die Zwiebeln fein hacken und eine Weile in der Brühe ziehen lassen. Dann über die Kartoffelscheiben gießen.

3. Die Radieschen in Scheiben und die Gewürzgurken in Stückchen schneiden. Die Salatgurke entkernen und ebenfalls in Stückchen schneiden. Zu den Kartoffeln geben.

4. Die Mayo mit 50 ml Gewürzgurkenwasser und dem Senf vermischen. Kala Namak dazugeben und unter den Kartoffelsalat mischen.

5. Den Schnittlauch fein schneiden und über den Salat streuen. Mit Salz und Pfeffer abschmecken.

TIPP

Die Zwiebeln können auch kurz mit der Brühe aufgekocht werden, wenn sie keinen Biss mehr haben sollen.

FÜR 4 PORTIONEN | ZUBEREITUNG: 35 MINUTEN | PINKFAKTOR: RADICCHIO

QUINOA-SALATWRAP

Zum Grillen oder fürs Picknick ist dies die perfekte Sommerbeilage. Handlich in Radicchioblätter eingerollt, braucht man noch nicht einmal einen Teller.

200 g Quinoa
200 g Kichererbsen, vorgekocht
1 Salatgurke
2 Avocados
etwas Limettenabrieb
Saft von 1 Zitrone und 2 Limetten (insgesamt etwa 50 ml)
100 ml Olivenöl
1 gestr. TL Salz
etwas gemahlener Pfeffer
einige Minzblätter
50 g Pinienkerne
1 kleiner Radicchio

1. Die Quinoa waschen, mit der doppelten Menge Wasser und einer Prise Salz aufkochen und 10 Minuten auf kleinster Flamme köcheln lassen. Die fertige Quinoa auskühlen lassen.

2. Die Kichererbsen abgießen, die Gurke längs vierteln, entkernen und klein schneiden. Die Avocados ebenfalls klein schneiden und alles zur Quinoa geben.

3. Eine Limette abreiben. Die Zitrone und Limetten auspressen, Abrieb und Saft mit dem Olivenöl, Salz und Pfeffer zu einer Sauce verrühren.

4. Die Sauce über die Quinoamischung geben, die Minzblätter fein schneiden und alles gut vermischen.

5. Die Pinienkerne in einer fettfreien Pfanne anrösten und den Salat damit toppen. Portionsweise in den Blättern des Radicchios servieren.

TIPP

Fein geschnittene rote Zwiebelringe passen auch gut dazu.

HAUPTGERICHTE

PINK PASTA

FÜR 4–6 PORTIONEN | ZUBEREITUNGSZEIT: 40 MINUTEN

PINKFAKTOR: ROTE BETE

200 g Räuchertofu
1–2 EL Öl
2–3 EL Sojasauce
150 g Cashewkerne
½ Bund Schnittlauch
ca. 150 g veganer Feta
500 g Nudeln
400–500 g vorgekochte Rote Bete
250 ml Mandelmilch (oder andere ungesüßte Pflanzenmilch)
50 g helle Misopaste
30 ml Zitronensaft
2 EL Würzhefeflocken
Pfeffer
10 ml Olivenöl

1. Den Räuchertofu klein würfeln und in einer heißen Pfanne in Öl unter häufigem Wenden kross braten. Mit der Sojasauce ablöschen und beiseitestellen.

2. Die Cashews mit kochendem Wasser übergießen und ziehen lassen. Nudelwasser aufsetzen.

3. Währenddessen den Schnittlauch fein schneiden und den Feta zerbröseln. Die Nudeln nach Packungsangabe in gesalzenem Wasser kochen, abgießen und dabei zwei Kellen des Kochwassers auffangen.

4. Die Cashews abgießen und zusammen mit Roter Bete, der Mandelmilch, Misopaste, Zitronensaft, Würzhefeflocken, Pfeffer, Olivenöl und 1–2 Kellen des Pastawassers in einem Mixer pürieren.

5. Die Sauce erwärmen, die Nudeln darin kräftig wenden, mit Feta, Tofuwürfeln und Schnittlauch servieren und frisch gemahlenen Pfeffer darübergeben.

FÜR 4 PORTIONEN | ZUBEREITUNG: 50 MINUTEN, ZIEHZEIT: 2 STUNDEN

KRÄUTERSEITLING-SCALLOPS AUF BANDNUDELN

Pilz-Scallops sehen gebratenen Jakobsmuscheln verblüffend ähnlich. Durch ihr Bad in der Marinade mit Misopaste und Norialgen erhalten die Kräuterseitlinge sogar ein leichtes Fischaroma. Diese kleine Delikatesse bereite ich gern zu einem besonderen Anlass zu.

- 2 Norialgenblätter oder Norialgenpulver
- 7 Kräuterseitlinge (ca. 400 g)
- 1 TL helle Misopaste
- 500 ml Gemüsebrühe
- 50 ml Weißwein
- 1 EL Olivenöl
- Öl zum Anbraten
- 1 rote Zwiebel
- 2 Zehen Knoblauch
- 500 ml Hafersahne oder Kokosmilch oder halb/halb
- etwas Zitronenabrieb
- Salz und Pfeffer
- 500 g rote Bandnudeln
- Rosa Pfefferbeeren (Schinusbeere)
- etwas Zitronensaft
- etwas frischer Thymian

1. Die Norialgenblätter im Mixer oder Mörser pulverisieren.

2. Die Kappen und Enden der Kräuterseitlinge abschneiden und anderweitig verwenden. Den dicken Stiel in zwei bis drei etwa 3 cm dicke Scheiben schneiden. Die Scheiben von beiden Seiten rautenförmig einritzen.

3. Die Misopaste in der Gemüsebrühe auflösen. Norialgenpulver, Weißwein und Olivenöl dazugeben und die Pilzscheiben in der Flüssigkeit etwa 2 Stunden ziehen lassen, dann herausnehmen und die Marinade aufbewahren.

4. Öl in eine Pfanne geben und die Pilze von beiden Seiten scharf anbraten, sodass sie Farbe bekommen. (Achtung, das kann etwas spritzen, da sie viel Flüssigkeit enthalten!) Die Pilze auf einen Teller geben und zur Seite stellen.

5. Zwiebel und Knoblauch fein hacken. Noch einen weiteren EL Öl in die Pfanne geben und beides darin anschwitzen. Marinade, Sahne und etwas Zitronenabrieb dazugeben. Alles aufkochen lassen und mit Salz und Pfeffer abschmecken.

6. Die Pasta kochen, abgießen und in die Sauce geben. Die Pilz-Scallops daraufgeben und warm werden lassen. Mit Rosa Beeren, einem Spritzer Zitronensaft und Thymian servieren. Dazu passt ein kühler Weißwein.

TIPP

Die Nudeln kann man auch selber färben, indem man dem Kochwasser 300 ml Rote-Bete-Saft hinzufügt.

GEMÜSESPAGHETTI
MIT AJVARSAUCE UND CASHEWPARMESAN

Ajvar ist eine Würzpaste, die vom Balkan stammt. Hauptbestandteil sind gegrillte rote Paprikaschoten. Auberginen, Knoblauch und Chili sind ebenfalls enthalten. Man kann sie fertig kaufen und als Brotaufstrich oder Dip verwenden. In meiner Pastasauce macht die Paprikapaste auch eine sehr gute Figur.

FÜR 4 PORTIONEN | ZUBEREITUNG: 45 MINUTEN | PINKFAKTOR: ROTE BETE

1–2 Rote-Bete-Knollen (ca. 350 g)
1–2 Zucchini (ca. 350 g)
1 Knoblauchzehe
1 Zwiebel
1 EL Öl
1 Prise Salz
340 g Ajvar, mild
150 g veganer Frischkäse
1 TL Chipotle Chiliflocken
Kresse

Cashewparmesan
50 g Cashewkerne
25 g Würzhefeflocken
¼ TL Salz

1. Die Rote Bete schälen und mit einem Spiralschneider zu Spaghetti verarbeiten. Die Zucchini ebenfalls spiralisieren.

2. Knoblauch und Zwiebel schälen und hacken. Das Öl in einen Topf geben und beides darin mit einer Prise Salz anbraten.

3. Ajvar und 100 ml Wasser dazugeben und den Frischkäse unterrühren. Mit Chiliflocken würzen. Die Sauce ggf. pürieren.

4. Für das Topping die Cashews zusammen mit Würzhefeflocken und Salz im Mixer grob pürieren.

5. Die Gemüsespaghetti mit Ajvarsauce (wahlweise warm oder kalt), Cashewparmesan und Kresse anrichten.

TIPP

Wer großen Hunger hat, kann einen Teil der Gemüsespaghetti durch Spaghetti aus Hartweizengrieß oder Linsen ersetzen.

FÜR 3 PORTIONEN | ZUBEREITUNGSZEIT: 60 MINUTEN

RISOTTO
MIT GRÜNEM SPARGEL UND CHAMPIGNONS

Risotto

2 rote Zwiebeln
2 EL vegane Butter
200 g Risottoreis
150 ml Rotwein
750 ml Gemüsebrühe
3 EL Würzhefeflocken
2 EL weißes Mandelmus oder Cashewmus
Salz

Champignons

250 g Champignons
4 EL vegane Butter
1 Knoblauchzehe
Salz, Pfeffer, Thymian

Spargel

400 g grüner Spargel
2 EL vegane Butter
Salz und Pfeffer
etwas frische Petersilie, gehackt

1. Die Zwiebeln hacken. Die Butter in einem Topf zergehen lassen und die Zwiebeln dazugeben, leicht salzen und glasig braten.

2. Den Risottoreis dazugeben, unter Rühren einige Minuten mitbraten und dann alles mit dem Rotwein ablöschen.

3. Eine Kelle Brühe dazugeben und unter häufigem Umrühren einkochen lassen. Diesen Vorgang so lange wiederholen, bis die gesamte Brühe aufgebraucht ist. Die Würzhefeflocken und das Mandelmus unterrühren.

4. Die Champignons in Scheiben schneiden, in Butter gut anbraten und die Knoblauchzehe dazupressen. Mit Salz, Pfeffer und Thymian würzen.

5. Den grünen Spargel in ca. 8 cm lange Stücke schneiden und ebenfalls in Butter anbraten, leicht salzen.

6. Das Risotto mit Spargel, Champignons und gehackter Petersilie anrichten und etwas Pfeffer über alles streuen.

TIPP

Statt Champignons passt auch Blattspinat sehr gut zum Risotto.

FÜR 4 PORTIONEN | ZUBEREITUNG: 50 MINUTEN, BACKZEIT: 50 MINUTEN

OFENKARTOFFELN MIT STICKY TOFU UND TZATZIKI

1,2 kg rotfleischige Kartoffeln
2 rote Zwiebeln
Olivenöl
Italienische Kräuter
etwas frischer Rosmarin
Salz, Pfeffer
1 kleine Frühlingszwiebel
Kalamata-Oliven

Tzatziki

½ Salatgurke
400 g Sojajoghurt oder -Skyr (Natur)
1 EL Olivenöl
½ TL Salz
½ TL getrocknete Minze
1 Msp. Pfeffer
2–3 Knoblauchzehen (nach Geschmack)

Sticky Tofu

400 g Naturtofu
3 EL Stärke
3–4 EL Olivenöl
1 Schuss Sojasauce (30 ml)
1 EL Sesamkörner
1 Prise Chiliflocken

1. Den Ofen auf 200 °C (Ober-/Unterhitze) vorheizen. Die Kartoffeln waschen und in ca. 1 cm dicke Scheiben schneiden. Die Zwiebeln schälen und vierteln. Alles mit einem guten Schuss Olivenöl und den Gewürzen vermengen, dann auf einem Backblech verteilen und auf der mittleren Schiene ca. 50 Minuten backen. Ab und zu den Wasserdampf entweichen lassen.

2. Die Frühlingszwiebel in feine Ringe schneiden und beiseitestellen.

3. Die Gurke grob raspeln und in einem Sieb abtropfen lassen. Joghurt mit Olivenöl, Salz, Minze und Pfeffer verrühren und den Knoblauch hineinpressen. Die Gurkenraspel untermischen und bis zum Servieren kühl stellen.

4. Den Tofu trocken tupfen und in ca. 1,5 cm x 1,5 cm große Würfel schneiden. Die Würfel in Stärke wenden. Olivenöl in einer Pfanne erhitzen und den Tofu bei mittlerer Hitze unter häufigem Wenden in einer beschichteten Pfanne anbraten, bis er leicht gebräunt ist. Die Würfel unter weiterem Wenden mit Sojasauce ablöschen. (Dabei kann der Herd schon ausgeschaltet werden.) Die fertigen Tofuwürfel mit Sesamkörnern und Chiliflocken bestreuen.

5. Die Kartoffeln mit Sticky Tofu, Tzatziki, Oliven und Frühlingszwiebeln servieren.

KARTOFFELGRATIN

FÜR 4 PORTIONEN | ZUBEREITUNG: 50 MINUTEN, BACKZEIT: 1 STUNDE | PINKFAKTOR: KARTOFFELN

- 1 kg festkochende rotfleischige Kartoffeln
- 1–2 Knoblauchzehen
- 1 rote Zwiebel
- 300 ml pflanzliche Sahne
- 120 ml Mandelmilch
- 2 EL Würzhefeflocken
- 1 TL Salz
- 1 Msp. gemahlener Pfeffer
- ½ TL gemahlene Muskatnuss
- 20 g vegane Butter plus mehr für die Form
- frischer Thymian

1. Eine Tarteform (24 cm) einfetten.

2. Die Kartoffeln schälen und in 1–2 mm dünne Scheiben hobeln. Den Knoblauch hacken, die Zwiebel in feine Ringe schneiden.

3. Den Ofen auf 180 °C (Ober-/Unterhitze) vorheizen.

4. Sahne, Milch, Würzhefeflocken, Knoblauch, Salz, Pfeffer und Muskatnuss verrühren. Die Kartoffel- und Zwiebelscheiben in die Flüssigkeit geben und alles gut vermischen.

5. Die Scheiben fächerförmig in die Tarteform schichten, die verbliebene Sauce darübergießen und die Butter in Flöckchen obenauf verteilen. Ca. 1 Stunde backen. Wer es knusprig mag, kann danach für 5 Minuten die Grillfunktion dazuschalten.

6. Frischen Thymian zupfen und über das Gratin geben.

TIPP

Zusätzlich vor dem Backen noch eine Handvoll veganen Streukäse über die Kartoffeln geben.

FÜR 4 PORTIONEN | ZUBEREITUNG: 30 MINUTEN, BACKZEIT: 30–60 MINUTEN

GEFÜLLTE SÜSSKARTOFFELN
MIT PFIFFERLINGEN

Süßkartoffeln gibt es in ganz unterschiedlichen Farben. Die lila Süßkartoffel ist ein besonderer Hingucker. Auch in Kombination mit ihrer orangefarbenen Schwester macht sie sich gut auf dem Teller.

4 lilafleischige Süßkartoffeln
Olivenöl
400 g frische Pfifferlinge
2 EL vegane Butter
Salz
Pfeffer
Thymian
8 Radieschen
200 g Cashewfrischkäse (S. 30)

Topping

Petersilie, Sprossen, Kresse (nach Belieben)

1. Den Ofen auf 180 °C (Ober-/Unterhitze) vorheizen. Die Süßkartoffeln mit einer Gabel rundherum mehrfach einstechen, mit Olivenöl einreiben und auf einem mit Backpapier ausgelegten Blech je nach Dicke der Kartoffeln 30–60 Minuten backen.

2. Währenddessen die Pfifferlinge putzen oder waschen und in einer heißen Pfanne mit der Butter 10–15 Minuten braten. Danach mit Salz, Pfeffer und Thymian abschmecken.

3. Die Radieschen in Scheiben schneiden.

4. Die Süßkartoffeln mittig einritzen, etwas auseinanderdrücken und mit Cashewfrischkäse, Radieschen und Pfifferlingen füllen. Nach Belieben Petersilie, Sprossen oder Kresse darübergeben.

TIPP

Statt Cashewfrischkäse schmeckt auch ein Kräuterskyr aus veganem ungesüßtem Skyr, fein gehackter Zwiebel, Kräutern und Gewürzen oder mein Tzatziki (S. 88).

FÜR 4 PORTIONEN | ZUBEREITUNG: 40 MINUTEN, BACKZEIT: CA. 45 MINUTEN

PINKFAKTOR: ROTKOHL, GRANATAPFEL

ROTKOHLSTEAKS
MIT WEDGES UND PESTO

1 mittelgroßer Rotkohl
6–8 kleine Kartoffeln
4 EL Olivenöl
1 EL Balsamicoessig
1 EL Sojasauce
1 TL mittelscharfer Senf
½ TL geräuchertes Paprikapulver
ein paar Zweige frischer Rosmarin
1 Granatapfel

Pesto

50 g Pinienkerne (oder Cashewkerne)
je 1 Bund Basilikum und Petersilie (zusammen ca. 100 g)
1 EL Würzhefeflocken
1 EL Zitronensaft
½ TL Salz
ca. 30 ml Olivenöl
etwas Pfeffer
1–2 Knoblauchzehen

1. Den Rotkohl in vier etwa 2 cm dicke Scheiben schneiden (ggf. die Enden anderweitig verarbeiten) und auf ein mit Backpapier ausgelegtes Backblech legen. Den Ofen auf 180 °C (Umluft) vorheizen.

2. Die Kartoffeln waschen (und bei Bedarf schälen) und in Viertel oder Sechstel schneiden.

3. Öl, Balsamico, Sojasauce, Senf und Paprikapulver vermischen, die Kartoffelecken darin wenden und neben die Rotkohlscheiben aufs Blech legen. Die übrige Sauce auf den Scheiben verteilen. Den Rosmarin über allem verteilen. Kohl und Kartoffeln auf der mittleren Schiene ca. 45 Minuten backen.

4. In der Zwischenzeit die Kerne des Granatapfels (am besten unter Wasser) herauslösen.

5. Die Pinienkerne in einer fettfreien Pfanne anrösten. Dabei gelegentlich wenden. Dann zusammen mit allen anderen Zutaten für das Pesto plus 2 EL Wasser in einen Mixer geben und zerkleinern.

6. Die Steaks mit den Wedges auf vier Tellern anrichten und mit Pesto und Granatapfelkernen garnieren.

PINK PIZZA

FÜR 2 STÜCK (4 PORTIONEN) | ZUBEREITUNG: 80 MINUTEN, GEHZEIT: 30 MINUTEN, BACKZEIT: 15–20 MINUTEN | PINKFAKTOR: ROTE-BETE-SAFT

Teig

250 ml Rote-Bete-Saft
2 EL Ahornsirup
2 EL Olivenöl
½ Würfel frische Hefe
520 g Pizzamehl plus mehr zum Ausrollen
2 gestr. TL Salz

Sauce

1 kleine Zwiebel
1 Knoblauchzehe
1 EL Öl
300 g passierte Tomaten
1 TL Italienische Kräuter
½ TL Fenchelsamen
Salz, Pfeffer, Chiliflocken

Belag

16 gelbe Kirschtomaten
100 g veganer Cashewmozzarella (S. 60) oder anderer veganer Streukäse
1 Handvoll Oliven
50 g Rucola
Olivenöl

1. Den Rote-Bete-Saft mit 20 ml Wasser, Ahornsirup und Olivenöl leicht erwärmen. Die Hefe darin auflösen. Das Mehl mit dem Salz vermengen, die Flüssigkeit dazugeben und alles in 5–10 Minuten zu einem geschmeidigen Teig verkneten. Den Teig abgedeckt 30 Minuten gehen lassen.

2. Zwiebel und Knoblauch fein hacken und in Öl anbraten. Passierte Tomaten und Gewürze dazugeben.

3. Die Kirschtomaten halbieren und den Mozzarella in kleine Stückchen schneiden oder zupfen.

4. Den Ofen auf 220 °C (Ober-/Unterhitze) vorheizen. Den Teig noch mal kurz durchkneten und halbieren. Jeweils mit etwas Mehl zu einem etwa 25 cm großen Kreis ausrollen. Mit den Händen mittig etwas platter drücken, sodass außen ein kleiner Rand entsteht.

5. Die Pizza mit der Sauce bestreichen, Kirschtomaten, Oliven und Mozzarella darauf verteilen und nacheinander auf einem mit Backpapier ausgelegten Blech auf der mittleren Schiene 15–20 Minuten backen.

6. Den Rucola auf der Pizza verteilen und etwas Olivenöl darüberträufeln.

BURGERBRÖTCHEN

FÜR 10 STÜCK | ZUBEREITUNG: 25 MINUTEN, GEHZEIT: 30 MINUTEN, BACKZEIT: 18–20 MINUTEN | PINKFAKTOR: ROTE-BETE-SAFT

300 ml Rote-Bete-Saft
1,5 EL Zucker
½ Würfel Hefe
500 g helles Mehl
1 TL Salz
50 g vegane Butter, weich
schwarzer Sesam

1. Den Rote-Bete-Saft leicht erwärmen, den Zucker hinzufügen und die Hefe darin auflösen.

2. Mehl und Salz vermischen, die Flüssigkeit und die Butter dazugeben und alles zu einem geschmeidigen Teig verkneten. Den Teig abgedeckt 30 Minuten gehen lassen.

3. Den Ofen auf 180 °C (Ober-/Unterhitze) vorheizen. Den Teig noch mal kurz durchkneten, in zehn gleich große Stücke teilen und Brötchen formen. Die Oberseite der Brötchen leicht anfeuchten und in den Sesam dippen. 18–20 Minuten backen.

BURGERPATTYS
UND BURGERSAUCE

FÜR 12–14 STÜCK | ZUBEREITUNG INKL. BRATEN: 1,5 STUNDEN

100 g Sojagranulat
1 TL Zwiebelpulver
60 g Rote Bete
4 EL Sojasauce
2 EL Leinsamen (25 g)
1 Knoblauchzehe
1 kleine rote Zwiebel (50 g)
200 g Austernpilze oder Champignons
50 g marinierte getrocknete Tomaten
1 Glas vorgekochte Kichererbsen (240 g)
5 EL Öl
1 TL Paprikapulver
½ TL Salz
etwas gemahlener Pfeffer
30 g feine Haferflocken
2 EL Kichererbsenmehl

Burgersauce

100 g Essiggurken
1 Glas vegane Mayonnaise (250 ml)
1 EL Ketchup
1 TL Sriracha
1 TL Knoblauchpulver
1 TL Zwiebelpulver
1 Schuss Essiggurkenwasser

1. Sojagranulat und Zwiebelpulver vermischen, die Rote Bete fein darüberreiben, 2 EL Sojasauce dazugeben und mit 250 ml kochendem Wasser aufgießen. Alles vermischen und 15 Minuten quellen lassen.

2. Die Leinsamen im Mörser oder Mixer zerkleinern und mit 4 EL Wasser ebenfalls quellen lassen. Den Knoblauch und die Zwiebel fein hacken, die Pilze ebenfalls sehr fein hacken oder mit der Küchenmaschine zerkleinern, die Tomaten klein schneiden. Die Kichererbsen abgießen, abspülen und mit einem Kartoffelstampfer zerdrücken.

3. In einer Pfanne 3 EL Öl erhitzen, Zwiebel und Knoblauch darin anbraten. Pilze, 2 EL Sojasauce, Tomaten, Paprikapulver, Salz und Pfeffer dazugeben und 5 Minuten braten. Die Sojagranulatmischung dazugeben und kurz mit erhitzen.

4. Kichererbsen, Haferflocken und Kichererbsenmehl mit in die Pfanne geben und alles gut vermischen. Die Masse 10 Minuten auskühlen lassen, dann mit der Hand Pattys formen und auf Küchenbretter legen.

5. Eine Pfanne mit 2 EL Öl erhitzen und die Pattys von beiden Seiten bei mittlerer Hitze goldbraun anbraten.

6. Für die Sauce die Essiggurken abgießen und dabei das Einlegewasser auffangen. Die Gurken in kleine Würfel schneiden. Die Mayonnaise mit Ketchup, Sriracha, Knoblauch- und Zwiebelpulver vermischen und mit Essiggurkenwasser glatt rühren. Zum Schluss die Gurkenwürfel unterheben.

7. Die Pattys in einem Burgerbrötchen (S. 99) mit Burgersauce, Tomaten, Gurken, Salat, roten Zwiebeln, veganem Käse und Röstzwiebeln servieren.

HERBSTLICHE GALETTE

FÜR 4 PORTIONEN | ZUBEREITUNG: 40 MINUTEN, KÜHLZEIT: 30 MINUTEN, BACKZEIT: 40–45 MINUTEN | PINKFAKTOR: FEIGEN, BROMBEEREN

260 g Dinkelmehl
1 gestr. TL Backpulver
1 gestr. TL Salz
3 EL Olivenöl
150 g vegane Crème fraîche
80 g veganer Feta
1–2 TL Kräuter der Provence
Cayennepfeffer (optional)
4 frische Feigen
1 kleine rote Zwiebel
1 Handvoll Brombeeren
2 EL Ahornsirup
1 EL Pflanzenmilch
Sesam
frische Kräuter

1. Mehl, Backpulver und Salz vermengen, 120 ml Wasser und Öl dazugeben und alles zu einem Teig verkneten. Den Teig für 30 Minuten in den Kühlschrank stellen.

2. Die Crème fraîche mit Feta, Kräutermischung und optional Cayennepfeffer pürieren.

3. Den Teig auf einer bemehlten Arbeitsfläche zu einem Kreis von etwa 40 cm ausrollen und auf ein mit Backpapier ausgelegtes Blech legen. Den Ofen auf 180 °C (Ober-/Unterhitze) vorheizen.

4. Feigen und Zwiebel in Scheiben schneiden. Die Fetacreme mittig bis 4 cm vor den Rand des Teiges aufstreichen und mit Zwiebeln und Feigen sowie Brombeeren belegen. Nach Belieben mit Kräutern der Provence und Cayennepfeffer würzen.

5. Die Ränder rundherum einschlagen, mit einer Mischung aus 1 EL Ahornsirup und Pflanzenmilch bestreichen und Sesam auf dem Rand verteilen. Die Galette auf der mittleren Schiene 40-45 Minuten backen.

6. Nach dem Backen mit Ahornsirup beträufeln und frische Kräuter darüberstreuen.

FÜR 16 STÜCK | ZUBEREITUNG: 120 MINUTEN | PINKFAKTOR: ROTKOHL

DÖNER-BURRITOS

Diese Burritos sind etwas aufwendiger, deshalb sollte man immer gleich eine große Menge zubereiten. Wir essen sie nämlich auch gern zum Frühstück noch mal, wenn welche vom Vorabend übrig geblieben sind. Auch zum gemeinsamen Kochen eignet sich dieses Rezept optimal: Mein Mann und ich bauen uns immer unsere Burrito-Straße auf und arbeiten Hand in Hand.

250 g Reis
½ TL Salz
Rotkrautsalat (S. 66)
Tzatziki (S. 88)
Sticky Tofu (S. 88)
350 g Tomaten
1 rote Zwiebel
16 Tortillawraps (25 cm)

Dönergewürz

2 TL Paprikapulver, edelsüß
½–1 TL Chiliflocken
1 Prise Pfeffer
½ TL Knoblauchpulver
1 Msp. Kreuzkümmel
1 TL Italienische Kräuter

1. Den Reis nach Packungsanweisung mit Wasser und Salz kochen. Rotkrautsalat, Tzatziki und Sticky Tofu zubereiten.

2. Die Zutaten für das Dönergewürz vermischen. Den Tofu aus der Pfanne nehmen und mit dem Dönergewürz vermischen.

3. Die Tomaten klein schneiden, die Zwiebel fein hacken und dazugeben.

4. Je einen Wrap von beiden Seiten in einer fettfreien Pfanne erhitzen und mit 1 EL Reis, 2 EL Rotkrautsalat (die Sauce abtropfen lassen), 3–4 Würfeln Tofu, 1 EL Tomaten-Zwiebel-Mix und 2 EL Tzatziki mittig belegen. Die rechte und linke Seite zu einem Viertel nach innen einschlagen und den Burrito von unten her einrollen. Das braucht etwas Übung, aber es wird nach und nach einfacher werden!

5. Den Burrito mit der Naht nach unten noch einmal in der heißen Pfanne »versiegeln«. Zum Servieren schneide ich sie schräg mittig durch und stelle sie in eine große Auflaufform.

Der Rest des Tzatzikis kann dazu gereicht werden.

TIPP

Wenn welche übrig bleiben, kann man die Burritos später in der Pfanne mit ganz wenig Öl noch mal aufwärmen. Dann macht es nichts, wenn die Sauce etwas eingezogen ist.

FÜR 4 STÜCK | ZUBEREITUNG: 20 MINUTEN | PINKFAKTOR: ROTE-BETE-SAFT

TORTILLAWRAPS

120 g Kichererbsenmehl
60 g Tapiokastärke
½ TL Salz
60 ml Rote-Bete-Saft
1 EL Rapsöl plus mehr zum Braten

1. Alle Zutaten plus 180 ml Wasser in einem Mixbecher mit dem Pürierstab kurz zu einem flüssigen Teig mixen.

2. In einer leicht eingeölten, beschichteten Pfanne nacheinander vier dünne Fladen von beiden Seiten bei mittlerer Hitze kurz ausbacken.

3. Die Wraps übereinanderstapeln und bis zum Befüllen mit einem angefeuchteten Geschirrtuch abdecken.

4. Die Wraps nach Lust und Laune und je nachdem, was der Kühlschrank hergibt, füllen, z. B. mit Rührtofu (S. 32) oder mit Avocado, gedämpftem Blumenkohl, Rucola, Sriracha-Mayo (S. 32) und Kresse.

PINK ONIGIRI

Onigiri sind handliche Reiskugeln oder Dreiecke, die eine Füllung enthalten und teilweise oder ganz von einem Norialgenblatt umwickelt sind. Ich empfehle, sie mithilfe einer speziellen Form zuzubereiten, die es günstig im Asialaden gibt. Das geht wesentlich besser als mit den Händen und spart Zeit und Nerven. Wer mag, kann die fertigen Onigiri (ohne Norialgenblatt) auch anbraten.

400 g Sushireis
100–120 ml Sushiessig
40 ml Rote-Bete-Saft
1 kleine Zwiebel
1 Stück Ingwer
350 g Champignons
2 EL Öl
3 EL Sojasauce plus mehr zum Servieren
½ Avocado
1 Stück Salatgurke (50 g)
3 EL pflanzliche Mayonnaise
1 TL Wasabi
2 Norialgenblätter
2 EL schwarzer Sesam
Sushi-Ingwer (optional)

1. Den Sushireis nach Packungsangabe zubereiten, mit dem Sushiessig ansäuern und den Rote-Bete-Saft unterrühren.

2. Zwiebel und Ingwer fein hacken, die Champignons ebenfalls in kleine Stückchen schneiden und alles in Öl anbraten. Die Sojasauce dazugeben und alles etwas abkühlen lassen.

3. Avocado und Gurke entkernen, in kleine Stückchen schneiden und zusammen mit Mayo und Wasabi zu den Champignons geben.

4. Etwas Sushireis mit angefeuchteten Händen zu einer Kugel formen, diese etwas flach drücken und 1 TL Champignonfüllung in die Mitte geben. Die Füllung mit Sushireis bedecken, wieder zu einer Kugel und dann zu einem Dreieck formen. Oder für diesen Schritt eine Form benutzen. Den kompletten Reis und etwa die Hälfte der Füllung zu Onigiris verarbeiten.

5. Aus den Norialgenblättern breite Streifen schneiden und jeweils unten um die Onigiri legen, sodass sie damit gut gegriffen werden können. Die Spitzen mit Sesam bestreuen.

6. Die Onigiri mit Sojasauce, der restlichen Füllung und ggf. mit Sushi-Ingwer servieren.

TIPP

Ich verwende gern fertig angemischten Sushiessig. Wer mag, kann ihn selber herstellen. Dafür 100 ml Reisessig erwärmen und darin 1,5 EL Zucker und 1–1,5 TL Salz auflösen.

QUINOA BOWL

Bunte Bowls esse ich am liebsten. Sie lassen sich wunderbar vorbereiten, schmecken warm und kalt und sind auch ein prima Essen, um Reste zu verwerten. Von meinen Kochkursen ist der Bowlkurs der beliebteste.

250 g Rotkohl
2 EL Olivenöl
Saft von ½ Zitrone
Salz
200 g weiße Quinoa
400 g Naturtofu
2–3 EL Öl
2–3 EL Sojasauce
1 TL Sesam
½ TL Chiliflocken
160 g Edamame TK, geschält (alternativ TK-Erbsen)
1 Glas/Dose Kidneybohnen (ca. 220 g)
2 Karotten
4 Radieschen
Toppings nach Belieben (z. B. Zwiebel-Pickles (S. 51), Grapefruit, Mango oder Beeren, Kresse und frische Kräuter, Avocado)

Joghurt-Tahin-Sauce

300 g Sojajoghurt (Natur)
1 EL Tahin
Saft von 1 Limette
1 Prise Salz
2 TL Pitahayapulver

1. Den Rotkohl vom Strunk befreien und zwei Blätter nur grob zerkleinern. Den Rest in feine Streifen schneiden und mit Olivenöl, Zitronensaft und Salz vermischen.

2. Die Quinoa in einem engmaschigen Sieb abspülen und abtropfen lassen. 400 ml Wasser mit 1 kräftigen Prise Salz in einem Topf zum Kochen bringen. Die Quinoa und die zwei grob zerkleinerten Rotkohlblätter zum Färben dazugeben und 10 Minuten köcheln lassen.

3. Den Topf von der Herdplatte nehmen und die Quinoa mit geschlossenem Deckel quellen lassen, bis das restliche Wasser aufgesogen wurde. Die Blätter herausnehmen.

4. Den Tofu trocken tupfen, in Dreiecke oder Würfel schneiden und in Öl scharf anbraten. Von allen Seiten leicht bräunen, den Herd ausstellen und rasch mit Sojasauce ablöschen. Sesam und Chiliflocken darüberstreuen.

5. Die Edamame einige Minuten in kochendem Salzwasser blanchieren und dann kalt abschrecken. Die Kidneybohnen abgießen und abspülen. Die Karotten mit einem Schäler in Streifen schneiden und diese aufrollen. Alternativ die Karotten in

dünne Scheiben schneiden. Die Radieschen ebenfalls in dünne Scheiben schneiden. Alles in vier Schüsseln anrichten.

6. Die Zutaten für die Sauce mit einem Pürierstab mixen und darübergießen. Toppings nach Wahl dazugeben.

TIPP

Zur Bowl passen auch die Erdnusssauce der Sommerrollen (S. 112) oder die zitronige Cashewsauce (S. 70).

FÜR 4 PORTIONEN (CA. 20 STÜCK) | ZUBEREITUNG: 90 MINUTEN

SOMMERROLLEN
MIT SCHARFER ERDNUSSSAUCE

Nie war frisches Gemüse leckerer! Zusammen mit der scharfen Erdnusssauce kommt es zu einer Geschmacksexplosion auf der Zunge. Ob als Vor- oder Hauptspeise, Sommerrollen schmecken gigantisch!

PINKFAKTOR: ROTKOHL

Sommerrollen

200 g Naturtofu
2 EL Öl
2 EL Sojasauce
½ Salatgurke
2 Karotten
1 Avocado
½ Mango
einige Radieschen
ca. 300 g Rotkohl
Saft von ½ Zitrone
100 g Glasnudeln (Trockengewicht)
20 runde Reisblätter für Sommerrollen
etwas schwarzer Sesam

Sauce

2 EL Sojasauce
3 EL Erdnussmus
1 EL Sriracha (Chilisauce)
1 TL Sesamöl
1–2 TL Ahornsirup
Saft von einer Limette

1. Den Tofu trocken tupfen, in schmale Streifen schneiden und diese in Öl von allen Seiten scharf anbraten. Die Tofustreifen in der ausgeschalteten Pfanne mit Sojasauce ablöschen.

2. Gurke, Karotten, Avocado und Mango in dünne Streifen und die Radieschen in Scheiben schneiden.

3. Die Hälfte des Rotkohls in groben Stücken in 700 ml Wasser aufkochen, den Zitronensaft dazugeben und die Glasnudeln darin gar ziehen lassen. Dann abgießen und die Blätter entsorgen. Die andere Hälfte des Kohls in feine Streifen schneiden.

4. Eine Auflaufform mit heißem Wasser füllen. Ein Reisblatt kurz einweichen, auf ein Küchenbrett legen und mit Gemüse, Tofu, Mango, einigen Reisnudeln und etwas schwarzem Sesam mittig belegen. Das untere Drittel des Blattes über das Gemüse schlagen, dann die Blattseiten links und rechts, soweit es geht, einschlagen und alles bis nach oben hin aufrollen. So weiter verfahren, bis das Gemüse und die Blätter aufgebraucht sind. Die fertigen Rollen möglichst nicht aufeinanderlegen, da sie leicht zusammenkleben.

5. Alle Zutaten für die Sauce mit 3 EL Wasser in einen Mixbecher geben und mit dem Pürierstab vermischen.

TIPPS

- » Sommerrollen kann man ganz beliebig füllen. Es eignen sich alle Gemüsesorten, Sprossen, Obst und Beeren.
- » Besonders empfehlen kann ich die Zugabe von etwas Thai-Basilikum. Er hat einen einzigartigen Anis-/Lakritzgeschmack. Wer mag, kann auch Koriander mit verwenden.

FÜR 3 PORTIONEN | ZUBEREITUNG: 30 MINUTEN, BACKZEIT: 45 MINUTEN PLUS 2-MAL 15–20 MINUTEN, GEHZEIT: 30 MINUTEN

AUBERGINENCREME MIT KLEINEN FLADENBROTEN

Dieser Dip, auch als Baba Ganoush bekannt, ist eine arabische Spezialität aus gegrillten Auberginen. Man kann sie aber auch ganz einfach im Backofen garen und zu diesem köstlichen Dip weiterverarbeiten.

Dip

2 Auberginen
Olivenöl
2 EL Tahin (etwa 50 g)
Saft einer Zitrone
1–2 Knoblauchzehen
½ TL Salz
½ TL Kreuzkümmel
etwas Pfeffer
1 Prise Chiliflocken
1 Handvoll Petersilie

Topping

1 TL Olivenöl
etwas Sesam
Kräuter, Chiliflocken, Kreuzkümmel (nach Belieben)

Fladenbrote

200 ml Rote-Bete-Saft
½ Würfel Hefe
3 EL Olivenöl
500 g helles Weizenmehl
1 TL Salz
1 TL Zucker
1 EL Schwarzkümmelsamen

1. Den Ofen auf 180 °C (Ober-/Unterhitze) vorheizen und ein Backblech mit Backpapier auslegen.

2. Die Auberginen halbieren und die Schnittseite mit Olivenöl bepinseln. Mit dieser Seite auf das Blech legen und 45 Minuten im Ofen backen – oder länger, wenn die Auberginen sehr groß sind.

3. Währenddessen den Teig für die Fladenbrote zubereiten: Rote-Bete-Saft und 100 ml warmes Wasser vermischen, die Hefe darin auflösen und das Olivenöl dazugeben.

4. Das Mehl mit Salz und Zucker vermischen, das Hefewasser dazugießen und alles zu einem geschmeidigen Teig verkneten. Wenn er sehr weich ist, noch etwas Mehl dazugeben. Den Teig abdecken und 30 Minuten gehen lassen.

5. Nach der Backzeit die Auberginen kurz abkühlen lassen, dann das Innere mit einem Löffel aus der Haut lösen und zusammen mit allen anderen Zutaten in den Mixer geben. Die pürierte Creme bis zum Servieren kühl stellen.

6. Den Ofen für den Teig auf 180 °C (Ober-/Unterhitze) lassen bzw. erneut vorheizen. Den Teig noch mal kurz durchkneten, in sechs Stücke teilen und jedes Teigstück mit etwas Mehl zu

einem etwa 12 cm großen Fladen ausrollen. Diese ganz leicht anfeuchten und mit Schwarzkümmel bestreuen.

7. Die Fladen (evtl. in zwei Etappen) für 15–20 Minuten backen. Dafür das frei gewordene Auberginenblech inkl. Backpapier benutzen.

8. Die Auberginencreme mit Olivenöl, Sesam, Kräutern und Gewürzen nach Belieben dekorieren und mit dem frischen Fladenbrot servieren.

TIPP

Dazu passen Gemüsesticks oder ein frischer Salat.

FÜR 2 KLEINE SCHÜSSELN | ZUBEREITUNG: 15 MINUTEN | PINKFAKTOR: ROTE BETE

ZWEIERLEI HUMMUS

Hummus ist eine orientalische samtige Kichererbsencreme und darf in einem veganen Kochbuch natürlich nicht fehlen.

50 ml Zitronensaft
2 Knoblauchzehen
½ TL Salz
120 g Tahin
100 ml eiskaltes Wasser
50 ml Aquafaba (Kichererbsenwasser)
240 g gekochte Kichererbsen
½ TL Kreuzkümmel

Für die pinke Version zusätzlich

1 vorgekochte Rote Bete (ca. 70 g)
½ TL Salz
10 ml Zitronensaft

Zum Anrichten

1–2 EL Olivenöl
etwas frische Petersilie oder Koriander

1. Zitronensaft, Knoblauch und Salz im Mixer pürieren. Tahin und kaltes Wasser dazugeben und weiter mixen.

2. Dann das Kichererbsenwasser hinzugießen und zum Schluss die Kichererbsen und den Kreuzkümmel untermixen. Ist die Creme noch zu dick, kann mehr Wasser hinzugegeben werden.

3. Die Hälfte des Hummus mit Roter Bete, Salz und Zitronensaft mixen.

4. Die Creme jeweils in einer Schale mit Olivenöl und Petersilie oder Koriander anrichten.

TIPP

Hummus schmeckt mit frischem Brot, Gemüsesticks, mit Granatapfelkernen, zur Bowl oder mit Crackern. Auch verdünnt als Salatsauce ist die Creme wärmstens zu empfehlen.

ROTE-BETE-CARPACCIO
MIT ORANGEN UND MINI-FALAFEL

Carpaccio

4 kleine Rote-Bete-Knollen (ca. 220 g)
3 EL Olivenöl
1 EL Zitronensaft
1 EL Balsamicoessig
1 TL Ahornsirup
½ TL Senf
Salz, Pfeffer, Cayennepfeffer
4 Orangen (oder rosa Grapefruit)
Petersilie zur Dekoration

Falafel (ca. 35 Stück)

230 g vorgekochte Kichererbsen, abgetropft
100 g Kichererbsenmehl
80 g vorgekochte Rote Bete
1 rote Zwiebel
1 kl. Stück frische Chili
1 Knoblauchzehe
etwas frische Petersilie (5–10 g) plus ein paar Stängel zur Deko
½ TL Backpulver
1 EL Zitronensaft
1 TL Kreuzkümmel
1 gestr. TL Salz
Pfeffer
Öl zum Braten

1. Die Rote Bete schälen und mit einem Gemüsehobel (Mandoline) in sehr feine Scheiben schneiden.

2. Aus Olivenöl, Zitronensaft, Balsamico, Ahornsirup, Senf, Salz, Pfeffer und Cayennepfeffer eine Sauce herstellen und die Rote-Bete-Scheiben eine Weile darin marinieren lassen.

3. Die Orangen ebenfalls schälen und in dünne Scheiben schneiden.

4. Die Kichererbsen mit 50 g Kichererbsenmehl und den übrigen Zutaten in einem Mixer oder mit einem Pürierstab zu einer gleichmäßigen (aber nicht zu matschigen) Masse verarbeiten. Die Masse mit dem restlichen Kichererbsenmehl vermischen und ca. 35 kleine Falafelbällchen formen. Wenn der Teig zu weich ist, noch etwas Kichererbsenmehl hinzufügen. Die Falafel in einer heißen Pfanne unter häufigem Wenden in Öl braten.

5. Die Rote-Bete-Scheiben abwechselnd mit den Orangenscheiben auf einem Teller anrichten. Die restliche Marinade darübergeben, nach Geschmack pfeffern und mit Petersilie dekorieren. Die Falafel dazureichen.

TIPP

Dazu passt die Joghurt-Tahin-Sauce der Quinoa Bowl (S. 110)

DESSERTS

FÜR 12 STÜCK | ZUBEREITUNG: 30 MINUTEN + EINWEICH- ODER QUELLZEIT, KÜHLZEIT: 20 MINUTEN + 2 STUNDEN

EISTÖRTCHEN

160 g Cashewkerne
(alternativ Cashewmus)
1 Pckg. Oreo-Kekse o. Ä.
(ca. 150 g)
50 g vegane Butter, weich
160 g Kokosjoghurt
90 g Zucker
90 ml Hafermilch
2 EL Kokosöl,
geschmolzen
1 EL Limettensaft
etwas Limettenabrieb
100 g Erdbeeren
plus 2 für die Deko
1 EL Pistazienkerne,
gehackt

1. Die Cashews über Nacht in Wasser einweichen oder mit kochendem Wasser übergießen und 30 Minuten quellen lassen. Bei Cashewmus entfällt dieser Schritt natürlich.

2. Die Kekse in einen Gefrierbeutel geben und mit einem Nudelholz (oder mithilfe einer Küchenmaschine) zerkleinern. Die Butter dazugeben, gut vermischen und die Masse auf den Böden von 12 Silikon-Muffinförmchen (am besten in einem Muffinblech stehend) verteilen und andrücken.

3. Die Cashews abgießen und mit Kokosjoghurt, Zucker, Hafermilch, Kokosöl, Limettensaft und -abrieb und 25 g der Erdbeeren im Mixer zu einer feinen Creme verarbeiten. Die Hälfte der Creme auf den Oreoböden verteilen und für 20 Minuten in den Tiefkühler stellen.

4. Die andere Hälfte der Creme mit den restlichen Erdbeeren vermixen und auf die angefrorene erste Cremeschicht geben.

5. Mit Erdbeerscheiben und Pistazien dekorieren und für mindestens 2 Stunden oder über Nacht in den Tiefkühler stellen.

6. Die Eistörtchen erst aus den Förmchen lösen, wenn sie serviert werden. Im Tiefkühler aufbewahrt können sie so nach Bedarf einzeln entnommen werden.

Alternative Nussboden

Statt Keksen und Butter 100 g Walnüsse, 100 g Soft-Datteln und je eine Prise Salz und Vanille zu einem weichen Teig mixen und als Boden in die Förmchen drücken.

Alternative Eistorte

Eine Springform (17 cm) verwenden, den Boden mit Backpapier auskleiden und den Rand leicht mit Kokosöl einfetten.

FÜR 4 PORTIONEN | ZUBEREITUNG: 50 MINUTEN, BACKZEIT: 20–25 MINUTEN

ERDBEERTIRAMISU

Biskuit

115 g Dinkelmehl
60 g Zucker
1 TL Backpulver
1 Msp. gemahlene Vanille
100 ml Sprudelwasser
30 ml Öl plus mehr für die Form (z. B. flüssiges Kokosöl)
1 TL Apfelessig

Creme

400 g veganer Skyr (Vanille)
2 EL Zucker
1 EL Zitronensaft
etwas Zitronenabrieb
100 ml pflanzliche Sahne (aufschlagbar)

Zum Beträufeln

1 Espresso (oder etwas kalter sehr starker Kaffee)
2–3 EL Amaretto
500 g frische Erdbeeren

1. Den Ofen auf 170 °C (Ober-/Unterhitze) vorheizen und eine kleine Springform (20 cm) einölen oder mit Backpapier auslegen.

2. Das Mehl mit Zucker, Backpulver und Vanille vermischen, Wasser, Öl und Apfelessig kurz unterrühren. Nicht zu lange mischen, sonst wird der Teig zäh. Kleine Klümpchen machen nichts aus. In die Form geben.

3. Den Biskuit 20 Minuten auf der mittleren Schiene backen.

4. Für die Creme Skyr, Zucker, Zitronensaft und -abrieb vermischen, die Sahne aufschlagen und unterheben.

5. Den Espresso mit Amaretto (alternativ Apfelsaft) vermischen. Die Erdbeeren in kleine Stückchen schneiden, einige für die Deko zurückbehalten.

6. Jeweils ein Achtel des Biskuits in ein Dessertglas geben, etwas von der Espressomischung darüberträufeln und einige Löffel Erdbeerstückchen daraufgeben. Dann ein Achtel der Creme auf die Erdbeeren schichten, danach Biskuit, Espressomischung, Erdbeeren und mit der Creme abschließen. Die Gläser mit Erdbeerscheiben dekorieren.

TIPP

Wer auch die Creme rosafarben haben möchte, kann einfach 2–3 Erdbeeren mit in den Skyr pürieren.

FROZEN YOGURT BARK

Eine leichtere Alternative zur Eiscreme ist dieser gefrorene Joghurt mit Beeren. Bei der Dekoration kann man sich kreativ austoben. Für Groß und Klein eine erfrischende Köstlichkeit an heißen Tagen!

FÜR 2–4 PORTIONEN | ZUBEREITUNG: 15 MINUTEN + GEFRIERZEIT

PINKFAKTOR: BEEREN

300 g veganer Skyr (Natur)
30 ml Ahornsirup
100 g frische Himbeeren
50 g frische Brombeeren

Topping

1 Handvoll frische Beeren nach Wahl
1 EL Kokosraspel
2 TL Pistazienkerne, gehackt

1. Den Skyr mit Ahornsirup, Himbeeren und Brombeeren pürieren. Eine kleine Auflaufform (ca. 20 cm × 25 cm) mit Backpapier auslegen und die Masse hineingeben.

2. Die Toppings darauf verteilen. Falls große Beeren verwendet werden, diese vorher etwas zerkleinern oder in Scheiben schneiden.

3. Die Auflaufform für einige Stunden in das Tiefkühlfach stellen.

4. Die gefrorene Bark kurz antauen lassen, in Stücke brechen und servieren.

ROTWEINCREME

FÜR 6 PORTIONEN | ZUBEREITUNG: 15 MINUTEN + KÜHLZEIT

PINKFAKTOR: ROTWEIN

1 Päckchen veganes Rote-Grütze-Pulver mit Sago (43 g)
120 g Zucker
250 ml trockener Rotwein
200 ml pflanzliche Sahne (aufschlagbar)

1. Rote-Grütze-Pulver und Zucker vermischen und mit einem Schneebesen in den Rotwein einrühren.

2. 250 ml Wasser aufkochen, den Topf von der Kochplatte nehmen und die Weinmischung unter Rühren hineingießen. Alles für 2 Minuten noch mal aufkochen und dann abkühlen lassen. Dabei gelegentlich umrühren.

3. Die pflanzliche Sahne aufschlagen und unter die Masse heben. Die Creme auf sechs Gläser verteilen und kühl stellen.

4. Mit einem Klecks Sahne, Beeren, Schokoplättchen oder gebrannten Schokomandeln (S. 43) servieren.

FÜR 6 PORTIONEN | ZUBEREITUNG: 25 MINUTEN, KOCHZEIT 2 x 30 MINUTEN

MILCHREIS
MIT ZIMTZWETSCHGEN

750 g Zwetschgen
1 TL Zimt
250 g Milchreis
1,5 l Hafer- oder andere Pflanzenmilch
2 EL Zucker
½ TL gemahlene Vanille
1 Prise Salz

1. Die Zwetschgen entsteinen, klein schneiden und mit Zimt und 50 ml Wasser 20 Minuten bei geschlossenem Deckel kochen, bis sie zerfallen. Dann noch mal 10 Minuten ohne Deckel kochen, damit sie etwas eindicken.

2. Den Milchreis mit 1 l Hafermilch, Zucker, Vanille und Salz aufkochen und dann 30 Minuten bei kleiner Hitze unter häufigem Rühren köcheln lassen.

3. Den Herd abstellen, den restlichen halben Liter Hafermilch unterrühren und den Milchreis quellen lassen, bis die gewünschte Konsistenz erreicht ist.

4. Auf 6 Schälchen verteilen und mit den Zimtzwetschgen servieren.

PINKFAKTOR: ZWETSCHGEN

TIPPS

» Wer es süßer mag, streut noch Zimt und Zucker über den Milchreis.
» Geröstete Mandelblättchen als Topping passen auch sehr gut und geben einen schönen Crunch.

FÜR 2 PORTIONEN | ZUBEREITUNG: 10 MINUTEN | PINKFAKTOR: HEIDELBEEREN

HEIDELBEER-NICECREAM

Nicecream ist inzwischen schon ein veganer Eisklassiker. Eigentlich sind es nur gefrorene Bananen, aber durch das feine Durchmixen (am besten mit einem Hochleistungsmixer) bekommen sie die perfekte Eiscremekonsistenz und schmelzen auch genauso. Es sollten sehr reife Bananen verwendet werden, dann wird auch kein Süßungsmittel benötigt.

3–4 Bananen (400 g), ohne Schale in Scheiben eingefroren
150 g Heidelbeeren (TK)
Topping nach Belieben (s. Tipp)
Ahornsirup nach Geschmack

1. Die Bananenscheiben mit den Heidelbeeren in einen Mixer geben und etwas antauen lassen. Dann gut pürieren, bis alles eine cremige Konsistenz hat.

2. In einer Schüssel anrichten und z. B. mit frischen Bananenscheiben und Heidelbeeren dekorieren. Wer mag, gibt noch etwas Ahornsirup darüber.

TIPP

» Nicecream lässt sich in verschiedenen Geschmacksrichtungen herstellen, indem man eine Handvoll gefrorene Früchte, Beeren, Kakaopulver etc. zusammen mit den Bananen mixt.

» Nüsse und Nussmuse aller Art, Obst, Schokolade, Kekse: Alles, was das Herz begehrt, kann als Topping verwendet werden.

PINKFAKTOR: HIMBEEREN

HIMBEEREIS AM STIEL

Sommerzeit ist Eiszeit! Wer sein eigenes Eis herstellt, weiß genau, was drin ist, und auch die Süße und das Süßungsmittel können selbst festgelegt werden. Von diesem Eis dürfen es auch gleich mal zwei sein!

FÜR 6 STÜCK À 70 ML | ZUBEREITUNG: 10 MINUTEN + GEFRIERZEIT

130 g frische Himbeeren
250 g Hafersahne oder Kokosmilch
3–4 EL Sirup (z. B. Rosenblütensirup, S. 177)
1 Msp. gemahlene Vanille

1. Alle Zutaten mit einem Pürierstab vermixen und in Eisförmchen füllen.

2. Einige Stunden oder über Nacht in den Tiefkühlschrank stellen.

TIPP

Wer die Kerne im Eis nicht mag, kann die Eismasse durch ein feines Sieb streichen.

APFELGALETTE

FÜR 1 GALETTE | ZUBEREITUNG: 50 MINUTEN, BACKZEIT: 40–45 MINUTEN, KÜHLZEIT: 30 MINUTEN | PINKFAKTOR: APFEL

270 g Dinkelmehl plus mehr zum Ausrollen
1 gestr. TL Backpulver
50 g Zucker
1 Prise Salz
3 EL Olivenöl
150 g pflanzliche Crème fraîche
100 g Marzipanrohmasse
3 Äpfel
½ TL Zimt
je 1 EL Ahornsirup und Pflanzenmilch
2 EL Mandelblättchen
Vanilleeis

1. Mehl, Backpulver, Zucker und Salz vermengen, 120 ml Wasser und das Öl dazugeben und alles zu einem Teig verkneten. Für 30 Minuten in den Kühlschrank stellen.

2. Währenddessen die Crème fraîche mit dem Marzipan pürieren und die Äpfel in dünne Spalten schneiden.

3. Den Teig auf einer bemehlten Arbeitsfläche zu einem Kreis von etwa 40 cm ausrollen und auf ein mit Backpapier ausgelegtes Blech legen.

4. Den Ofen auf 180 °C (Ober-/Unterhitze) vorheizen. Die Marzipancreme mittig bis 4 cm vor den Rand des Teigs aufstreichen. Die Apfelscheiben fächerförmig auf der Creme verteilen und mit Zimt bestreuen.

5. Die Ränder rundherum einschlagen, mit einer Mischung aus Ahornsirup und Pflanzenmilch bepinseln und dann die Mandelblättchen auf dem Rand verteilen.

6. Die Galette auf der mittleren Schiene 40–45 Minuten backen und am besten noch warm mit einer Kugel Vanilleeis genießen.

FÜR 8 STÜCK | ZUBEREITUNG: 10 MINUTEN, GEHZEIT: 30 MINUTEN, BACKZEIT: 30 MINUTEN

BELGISCHE HIMBEERWAFFELN

PINKFAKTOR: HIMBEERPULVER

Waffeln sind sehr beliebt an Kindergeburtstagen und Schulfesten – als Dessert kann man sie sich aber durchaus auch mal gönnen. Die Version mit Hefeteig ist angelehnt an belgische Waffeln.

- 250 ml Sojamilch (oder andere Pflanzenmilch)
- ¼ Würfel Hefe (10 g)
- 20 g Kokosöl
- 250 g helles Weizenmehl
- 100 g Zucker
- 1 Prise Salz
- ½ TL gemahlene Vanille
- 3 EL (25 g) Himbeerpulver
- Puderzucker zum Bestäuben (optional)

1. Die Sojamilch leicht erwärmen und Hefe und Kokosöl darin auflösen.

2. Das Mehl mit Zucker, Salz, Vanille und Himbeerpulver vermischen. Die Hefemilch zur Mehlmischung geben und verrühren. Den Teig abgedeckt 30 Minuten gehen lassen.

3. Das Waffeleisen erhitzen und ggf. etwas einfetten. Die Waffeln nacheinander ausbacken und mit Puderzucker bestäuben.

TIPPS

» Zu den Waffeln passen z. B. frische Beeren, Chiamarmelade (S. 29), pflanzliche Schlagsahne oder Eis.

» Im Toaster lassen sich abgekühlte Waffeln schnell wieder erwärmen.

Variante Miniwaffeln

Jeweils kleine Teigportionen in den Ecken des Waffeleisens ausbacken. So bekommt man süße, kleine Waffelsnacks.

KUCHEN & GEBÄCK

BLAUBEER-CHEESECAKE

Dieser Kuchentraum braucht etwas Zeit.
Aber glaubt mir, es lohnt sich!

Boden

200 g Weizenmehl
70 g Zucker
1 Prise Backpulver
1 Prise Zimt
1 Prise Salz
125 g vegane Butter plus mehr für die Form

Füllung

400 g Sojajoghurt (Heidelbeere)
130 g veganer Frischkäse
200 ml Hafersahne
120 g vegane Butter, geschmolzen
120 g Zucker
1 EL Limettensaft
½ TL gemahlene Vanille
50 g Stärke

Heidelbeertopping

300 g Heidelbeeren (TK)
2 EL Zucker
20 g Stärke
1 Handvoll frische Heidelbeeren als Deko

1. Eine Springform (20 cm) leicht einfetten, einen Kreis aus Backpapier für den Boden ausschneiden und einen Streifen für die Wände der Form. Das Backpapier in die Form »kleben«.

2. Das Mehl mit Zucker, Backpulver, Zimt und Salz vermischen. Die Butter in Stückchen schneiden, dazugeben und alles zu einem geschmeidigen Teig verkneten.

3. Die Hälfte des Teigs auf den Springformboden drücken, die andere Hälfte als Rand an die Wand der Form. Dabei das Drittel bis zum oberen Rand frei lassen. Mit der Gabel den Boden einige Male einstechen und die Form in den Kühlschrank stellen.

4. Den Ofen auf 180 °C (Ober-/Unterhitze) vorheizen.

5. Alle Zutaten für die Füllung mit einem Rührgerät vermischen, dabei die Stärke zuletzt löffelweise unterrühren. Die Creme auf den vorbereiteten Boden geben und den Kuchen auf der mittleren Schiene 60 Minuten backen.

6. In der Form auskühlen lassen und über Nacht in den Kühlschrank stellen.

7. Die tiefgekühlten Heidelbeeren in einen kleinen Topf geben und unter gelegentlichem Umrühren auftauen und aufkochen lassen. Den Zucker dazugeben.

8. Die Stärke mit etwas Wasser glatt rühren und unter Rühren in die Heidelbeermischung geben. Das Topping auf dem Cheesecake verteilen, abkühlen lassen und dann noch mal für 1–2 Stunden in den Kühlschrank stellen, damit das Topping fest wird.

9. Den Kuchen mit frischen Heidelbeeren servieren.

ZUBEREITUNG: 30 MINUTEN, BACKZEIT: 40 MINUTEN, KÜHLZEIT: ÜBER NACHT

KLEINER SCHOKO-CHEESECAKE MIT KIRSCHTOPPING

Der kleine Bruder des Blaubeer-Cheesecakes in der Schokoversion

FÜR 1 SPRINGFORM (17 CM)

Boden

100 g Mehl
40 g Zucker
15 g Backkakao
1 Prise Backpulver
1 Prise gem. Vanille
1 Prise Salz
65 g vegane Butter plus mehr für die Form

Füllung

300 g veganer Skyr (Vanille)
50 g vegane Butter, geschmolzen
50 g Zucker
100 g vegane Nuss-Nougat-Creme
1 TL Backkakao (5 g)
25 g Stärke

Topping

150 ml Kirschsaft
15 g Stärke
½ EL Zucker
½ TL Zimt
150 g Sauerkirschen aus dem Glas
30 g Schokolade, gehackt
1 Handvoll frische Kirschen (optional)

1. Eine Springform (17 cm) leicht einfetten, einen Kreis aus Backpapier für den Boden ausschneiden und einen Streifen für die Wände der Form. Das Backpapier in die Form »kleben«.

2. Das Mehl mit Zucker, Kakao, Backpulver, Vanille und Salz vermischen. Die Butter in Stückchen schneiden, dazugeben und alles zu einem geschmeidigen Teig verkneten.

3. Die Hälfte des Teigs auf den Springformboden drücken, die andere Hälfte als Rand an die Wand der Form drücken. Dabei ein Drittel bis zum oberen Rand frei lassen. Mit der Gabel den Boden einige Male einstechen und die Form in den Kühlschrank stellen.

4. Den Ofen auf 180 °C (Ober-/Unterhitze) vorheizen.

5. Alle Zutaten für die Füllung mit einem Rührgerät vermischen, dabei die Stärke zuletzt löffelweise unterrühren. Die Creme auf den vorbereiteten Boden geben und den Kuchen auf der mittleren Schiene 40 Minuten backen. In der Form auskühlen lassen und über Nacht in den Kühlschrank stellen.

6. Für das Topping ein Drittel des Kirschsaftes mit der Stärke glatt rühren. Den restlichen Kirschsaft mit Zucker und Zimt aufkochen. Die Flüssigkeit einrühren, sobald sie eindickt, den Herd ausstellen und die Kirschen unterheben.

7. Das Topping auf dem Kuchen verteilen und fest werden lassen. Den Cheesecake mit Schokolade und frischen Kirschen dekorieren.

ZITRONENKUCHEN

FÜR 1 KASTENFORM | ZUBEREITUNG: 25 MINUTEN, BACKZEIT: 45 MINUTEN | PINKFAKTOR: ROTE-BETE-SAFT

Fett für die Form
250 g helles Mehl
50 g Stärke
125 g Zucker
1 TL Natron
1 Prise Salz
1 Prise gemahlene Vanille
1 Msp. Kurkuma (für die Farbe)
abgeriebene Schale von 1 Zitrone
125 ml Olivenöl
250 ml Mandelmilch
60 ml Zitronensaft
1 TL Apfelessig
Saft von ½ Zitrone zum Tränken (optional)

Guss

150 g Puderzucker
1–2 EL Rote-Bete-Saft

Dekoration

Zitronenzesten, gehackte Pistazien, Zitronenscheiben, Blüten (nach Belieben)

1. Eine Kastenform einfetten und den Backofen auf 180 °C (Ober-/Unterhitze) vorheizen.

2. Mehl, Stärke, Zucker, Natron, Salz, Vanille, Kurkuma und Zitronenschale vermengen.

3. Olivenöl, Mandelmilch, Zitronensaft und Apfelessig vermischen und zügig unter die Mehlmischung heben. Nicht zu lange rühren, sonst geht der Teig nicht so gut auf. Kleine Klümpchen können ignoriert werden.

4. Den Teig in die Form gießen und 45 Minuten auf der mittleren Schiene backen. Den Kuchen eine Weile auskühlen lassen und dann aus der Form nehmen.

5. Wer es sehr zitronig mag, kann ihn noch mit dem Saft einer halben Zitrone tränken: Mit einem Holzstäbchen mehrmals anstechen und den Saft über den Kuchen gießen.

6. Für den Guss Puderzucker mit Rote-Bete-Saft verrühren und auf dem Kuchen verteilen. Nach Belieben dekorieren.

FÜR 1 KUCHEN | ZUBEREITUNG: 25 MINUTEN, BACKZEIT: 45–50 MINUTEN

HIMBEERGUGEL

Fett für die Form
350 g Weizenmehl
20 g Stärke
1 Päckchen Backpulver (15 g)
1 Prise Salz
1 Msp. gemahlene Vanille
Abrieb von einer Zitrone
200 g vegane Butter, weich
250 g Zucker
320 ml Sojamilch
Saft von ½ Zitrone (ca. 20 ml)
40 g Himbeerpulver, gefriergetrocknet
Puderzucker und/oder Himbeerpulver zum Bestäuben

1. Den Backofen auf 180 °C (Ober-/Unterhitze) vorheizen. Eine Gugelhupfform (oder eine Springform mit Rohrboden) gut einfetten und mit Mehl bestäuben.

2. Das Mehl mit Stärke, Backpulver, Salz, Vanille und Zitronenabrieb mischen. Die Butter mit dem Zucker aufschlagen, 300 ml der Sojamilch und Zitronensaft dazugeben. Die Mehlmischung rasch unterrühren.

3. Die Hälfte des Teigs in eine andere Schüssel geben und mit Himbeerpulver und 20 ml Sojamilch vermischen. Den Teig abwechselnd aus beiden Schüsseln in die Form geben, mit einer Gabel einige Schlieren durch den Teig ziehen und dann die Oberfläche glatt streichen. Im vorgeheizten Ofen 40–45 Minuten backen.

4. Nach Belieben mit Himbeerpulver oder einer Mischung aus Himbeerpulver und Puderzucker bestäuben.

TIPP

Für einen normalen Marmorkuchen (den Lieblingskuchen meiner Tochter) einfach das Himbeerpulver durch dunkles Kakaopulver ersetzen.

ROTWEIN-BANANENBROT

Eine der leckersten Arten, sehr reife Bananen zu verarbeiten!

FÜR 1 KASTENFORM | ZUBEREITUNG: 25 MINUTEN, BACKZEIT: 45 MINUTEN | PINKFAKTOR: ROTWEIN

250 g Mehl
50 g gemahlene Haselnüsse
60 g Zucker (oder etwas mehr)
1 Prise Salz
½ TL Zimt
2 TL Backpulver
50 ml Kokosöl (plus mehr für die Form)
3 reife Bananen (plus eine zur Deko)
50 ml Sojamilch oder andere Pflanzenmilch
2 TL Apfelessig
100 ml Rotwein

Guss

100 g Puderzucker
1–2 EL Rotwein

Dekoration

getrocknete Blüten, Streusel, gehackte Nüsse (nach Belieben)

1. Eine Kastenform mit Kokosöl einfetten und den Ofen auf 180 °C (Ober-/Unterhitze) vorheizen.

2. Das Mehl mit Haselnüssen, Zucker, Salz, Zimt und Backpulver vermischen.

3. Das Kokosöl im Wasserbad schmelzen. Die Bananen mit Sojamilch, Apfelessig, Kokosöl und Rotwein pürieren.

4. Beide Mischungen verrühren und in die Form geben. Eine Banane längs halbieren, mit der angeschnittenen Seite nach oben auf den Teig legen und etwas hineindrücken.

5. Auf der mittleren Schiene 45 Minuten backen. Danach das Bananenbrot auskühlen lassen.

6. Puderzucker mit Rotwein vermischen und den Guss auf den Kuchen streichen.

7. Nach Belieben mit getrockneten Blüten, Streuseln, gehackten Nüssen etc. verzieren.

TIPP

Der Teig kann auch auf zwölf Muffinförmchen aufgeteilt werden. Die Muffins sind dann schon nach 35 Minuten fertig.

FÜR 8 STÜCK | ZUBEREITUNG: 40 MINUTEN, BACKZEIT: 20–25 MINUTEN

ERDBEER-SCHOKO-CUPCAKES

PINKFAKTOR: MARMELADE, ROTE-BETE-SAFT

Muffins

1 TL Apfelessig
125 ml Sojamilch
125 g Dinkelmehl 630 (oder helles Mehl)
25 g Stärke
100 g Zucker
1 Prise gemahlene Vanille
1 Prise Salz
20 g dunkles Kakaopulver
1 TL Backpulver
60 ml Rapsöl
1 EL Apfelmus
30 ml Sprudelwasser

Frosting

150 g veganer Frischkäse
1 EL Erdbeermarmelade
1 EL Rote-Bete-Saft
2–3 EL Puderzucker
etwas Zitronenabrieb
1 Päckchen Sahnesteif (8 g)

Dekoration

frische Erdbeeren, Erdbeerblätter oder Zitronenmelisse (nach Belieben)

1. Den Backofen auf 180 °C (Ober-/Unterhitze) vorheizen.

2. Den Apfelessig in die Sojamilch geben und 5 Minuten stehen lassen, sodass die Milch gerinnt.

3. Mehl, Stärke, Zucker, Vanille, Salz, Kakaopulver und Backpulver vermischen. Milchmischung, Rapsöl, Apfelmus und zuletzt das Sprudelwasser dazugeben und alles kurz verrühren.

4. Den Teig auf acht Muffinförmchen verteilen und für 20–25 Minuten auf der mittleren Schiene backen. Die Muffins auskühlen lassen.

5. Während der Backzeit für das Frosting Frischkäse und Erdbeermarmelade gut vermischen, den Rote-Bete-Saft und anschließend den Puderzucker unterrühren. Etwas Zitronenabrieb dazugeben und ein Päckchen Sahnesteif einrühren. Das Frosting in einen Spritzbeutel füllen und 20 Minuten in den Kühlschrank stellen.

7. Die Muffins mit dem Frosting versehen und jeweils eine halbe Erdbeere daraufsetzen und nach Wunsch dekorieren.

TIPP

Ganz raffiniert werden die Cupcakes, wenn man die Schokomuffins noch mittig ein wenig aushöhlt und mit Marmelade oder Streuseln füllt, bevor man das Frosting aufspritzt.

ERDBEER-RHABARBER-SCHNECKEN

Füllung

200 g Rhabarber
50 g Zucker
1 Msp. gemahlene Vanille
250 g frische Erdbeeren
1 Becher pflanzliche Crème fraîche

Teig

250 ml Pflanzenmilch
1 Würfel Hefe
60 g vegane Butter
550 g (Dinkel-)Mehl
80 g (oder etwas mehr) Zucker
1 gestr. TL Salz

Puderzucker zum Garnieren

1. Den Rhabarber klein schneiden und mit Zucker, Vanille und 30 ml Wasser ca. 10 Minuten kochen, bis er zerfällt. Die Erdbeeren in kleine Stückchen schneiden.

2. Die Pflanzenmilch leicht erwärmen, Hefe und Butter darin auflösen lassen. Mehl, Zucker und Salz vermengen, die Flüssigkeit dazugeben und alles zu einem Teig verkneten. Den Teig abgedeckt 30 Minuten gehen lassen.

3. Eine große oder zwei kleinere Auflaufformen einfetten. Den Backofen auf 170 °C (Umluft) vorheizen.

4. Den Teig auf einer bemehlten Arbeitsfläche zu einem Rechteck (40 cm x 50 cm) ausrollen, mit dem Rhabarberkompott und der pflanzlichen Crème fraîche bestreichen und die Erdbeerstückchen darauf verteilen. Den Teig aufrollen und mit einem scharfen Messer (oder mit einem Faden) in 13 oder 14 Scheiben schneiden.

5. Die Scheiben flach nebeneinander in die Form(en) legen und im Ofen auf der mittleren Schiene ca. 30 Minuten backen. Die Schnecken abkühlen lassen und mit Puderzucker bestäubt servieren.

FÜR 30–33 STÜCK | ZUBEREITUNG: 1 STUNDE, BACKZEIT: 35 MINUTEN

AQUAFABA-MAKRONEN

Aquafaba ist das Kochwasser, in dem Kichererbsen (oder andere Hülsenfrüchte) aus dem Glas oder der Dose eingelegt sind. Es ist aufschlagbar und wie Eiweiß zu verwenden. Allerdings darf z. B. der Ofen beim Backen von Makronen, Macarons etc. nicht zu heiß sein, sonst fällt der Teig zusammen. Auch für süße Cremes eignet es sich.

30–33 Oblaten
120 g Aquafaba (Kichererbsenwasser)
½ TL Weinsteinbackpulver
1 TL Zitronensaft
1 TL Guarkernmehl
200 g Zucker
natürliche rote Lebensmittelfarbe (je nach gewünschter Farbintensität)
200 g Kokosraspel

1. Die Oblaten auf einem Backblech auslegen. Das Aquafaba mit dem Backpulver aufschlagen. Das dauert eine ganze Weile und erfordert etwas Geduld.

2. Zitronensaft und Guarkernmehl dazugeben. Etwas weiter aufschlagen. Dann den Zucker dazurieseln lassen und etwas Lebensmittelfarbe unterrühren. Die Kokosraspel vorsichtig mit einem Schneebesen unterheben.

3. Den Backofen auf 120 °C (Umluft) vorheizen. Kleine Berge auf die Oblaten setzen.

4. Die Makronen 35 Minuten auf der mittleren Schiene backen. Sie halten sich in einer Keksdose eine ganze Weile.

TIPP

Die Kokosraspel können durch geriebene Haselnüsse ersetzt werden.

MANDELHÖRNCHEN

Schon als Kind habe ich gern marzipanige Mandelhörnchen gegessen. Meine Mutter hat die Enden immer abgebrochen, da sie die dunkle Schokolade nicht mochte. Manchmal konnte man sie auch ohne Glasur kaufen, aber selber machen ist natürlich besser: Das hat dann mein Vater erledigt, der auch sehr gerne backt.

FÜR 12 STÜCK | ZUBEREITUNG: 20 MINUTEN, KÜHLZEIT: 30 MINUTEN, BACKZEIT: 15–17 MINUTEN | PINKFAKTOR: NATÜRLICHE LEBENSMITTELFARBE

100 g Mehl
70 g Zucker
100 g gemahlene Mandeln
1 TL Backpulver
1 Msp. Zimt
1 Msp. gemahlene Vanille
1 Msp. Salz
200 g Marzipanrohmasse
40 ml Pflanzenmilch
50 g Mandelblättchen (oder selbst gehobelte Mandeln)
40 g vegane weiße Schokolade
natürliche oder öllösliche Lebensmittelfarbe (Menge je nach gewünschter Farbintensität)

1. Mehl, Zucker, Mandeln, Backpulver, Zimt, Vanille und Salz vermischen. Das Marzipan darüber zerbröckeln, die Pflanzenmilch dazugeben und alles gut verkneten. Den Teig für 30 Minuten in den Kühlschrank stellen.

2. Ein Blech mit Backpapier belegen und den Ofen auf 180 °C (Ober-/Unterhitze) vorheizen.

3. Aus dem Teig 12 Hörnchen formen, diese in den Mandelblättchen wälzen und 15–17 Minuten auf der mittleren Schiene backen.

4. Die Mandelhörnchen auskühlen lassen. Währenddessen die Schokolade im Wasserbad schmelzen und die Lebensmittelfarbe einrühren. Die Hörnchen von beiden Seiten in die flüssige Schokolade tauchen und dann auf Backpapier trocknen lassen.

ZUBEREITUNG: 25 MINUTEN, BACKZEIT: 2 x 15 MINUTEN, KÜHLZEIT: 1 STUNDE

PINK COOKIES

FÜR 12 STÜCK

80 g vegane weiße Schokolade
125 g vegane Butter, weich
175 g Zucker
1 Prise gemahlene Vanille
1 Prise Salz
300 g Weizenmehl (Type 405)
2 TL Backpulver
70 ml Rote-Bete-Saft
80 g getrocknete Kirschen oder Cranberrys

1. Die Schokolade grob hacken. Die Butter mit Zucker, Vanille und Salz cremig rühren.

2. Mehl und Backpulver vermischen und dazugeben. Dann den Rote-Bete-Saft hinzufügen und zuletzt die Schokolade und die Kirschen unterkneten.

3. Den Teig in 12 gleich große Stücke teilen, diese zu Kugeln formen und für mindestens 1 Stunde in den Kühlschrank stellen.

4. Den Backofen auf 200 °C (Ober-/Unterhitze) vorheizen, zwei Bleche mit Backpapier auslegen und die Kugeln (jeweils 6 pro Blech) für 15 Minuten nacheinander auf der mittleren Schiene backen.

5. Die heißen Cookies mit einem Löffel etwas platter drücken und komplett auskühlen lassen.

TIPP

» Statt weißer Schokolade kann man natürlich auch dunkle nehmen.
» Gehackte Nüsse, Cashewkerne, getrocknete Mango etc. machen sich auch gut im Teig.

GETRÄNKE

FÜR 3 PORTIONEN | ZUBEREITUNG: 5 MINUTEN | PINKFAKTOR: BEEREN

BEEREN-JOGHURT-SHAKE

300 g Himbeeren (TK)
1 Handvoll frische Brombeeren
400 g Sojajoghurt (Natur)
3 EL Kokosblütenzucker
1 Schuss Sprudelwasser
1 TL gemahlener Rosmarin
etwas aufgeschlagene pflanzliche Sahne (optional)
frischer Rosmarin

1. Die Himbeeren und die Brombeeren mit Sojajoghurt, Kokosblütenzucker, Sprudelwasser und Rosmarin vermixen.

2. Auf Gläser verteilen und optional mit Sahne, etwas frischem Rosmarin und Kokosblütenzucker servieren.

FÜR 1 GLAS | ZUBEREITUNG: 10 MINUTEN | PINKFAKTOR: ROTE-BETE-SAFT

BEETROOT LATTE

250 ml Hafermilch
1 Shot Espresso
30–50 ml Rote-Bete-Saft
Zimt (optional)

1. Die Hafermilch erwärmen und aufschäumen. Den Espresso zubereiten.

2. Die Hafermilch in ein vorgewärmtes Glas geben, den Rote-Bete-Saft und den Espresso dazugeben und nach Belieben mit etwas Zimt würzen.

TIPP

» Die Latte schmeckt auch ohne Espresso.

» Wer mag, kann noch ein wenig Ingwer dazugeben und/oder mit einem kleinen Schuss Ahornsirup nachsüßen.

FÜR 2–4 PORTIONEN | ZUBEREITUNG: 20 MINUTEN + KÜHLZEIT

KOREANISCHE ERDBEERMILCH

Im Juni oder Juli versuche ich immer, mindestens einmal selbst auf dem Feld frische Erdbeeren zu pflücken. Das ist Sommer pur! Natürlich müssen die geernteten Früchte möglichst schnell aufgegessen und verbraucht werden. Eine erfrischende Köstlichkeit ist diese Erdbeermilch, das Besondere ist die stückige Konsistenz. Das Püree muss übrigens nicht unbedingt aufgekocht werden. Es kann auch roh in die Milch gegeben werden.

PINKFAKTOR: ERDBEEREN

600 g frische Erdbeeren
2 EL Rohrohrzucker
1 EL Zitronensaft
600 ml Hafermilch
Eiswürfel

1. 300 g Erdbeeren mit einer Gabel zerdrücken oder pürieren und mit Zucker und Zitronensaft aufkochen.

2. Die restlichen Erdbeeren in sehr kleine Würfel schneiden. 100 g der Würfel für 1 Minute mitkochen.

3. Das Püree abkühlen lassen und in ein großes Gefäß geben. Die Erdbeerwürfel dazugeben und mit Hafermilch aufgießen. Mit Eiswürfeln servieren.

FÜR 1–2 PORTIONEN (CA. 430 ML) | ZUBEREITUNG: 10 MINUTEN

PINK SMOOTHIE

PINKFAKTOR: ERDBEEREN

Wer gesund und leicht mit einer Portion Obst und Gemüse in den Tag starten möchte, sollte schon zum Frühstück den Mixer anschmeißen.

150 g frische Ananas
130 g Erdbeeren
½ Banane (ca. 40 g)
100 g frischer Chicorée
1 EL geschälte Hanfsamen
1 Dattel (soft)
50 ml Kokoswasser (oder für weniger Süße Wasser)
Eiswürfel (optional)

1. Alle Zutaten in den Mixer geben, gut pürieren, fertig ist der Smoothie.

TIPP

Wer lieber löffelt, nimmt etwas weniger Wasser, gibt das Ganze in ein Schälchen und dekoriert seine Smoothiebowl nach Lust und Laune mit Bananenscheiben, Beeren, Nüssen und Samen.

Variante Grüner Smoothie

Statt Chicorée Spinat verwenden.

FÜR 0,5 L | ZUBEREITUNG: 30 MINUTEN | PINKFAKTOR: GRANATAPFEL

GRANATAPFEL-INGWER-SHOT

Nicht nur im Winter stärkt dieser Powershot das Immunsystem. Frisch aus dem Kühlschrank versorgt er den Körper schon morgens mit Vitaminen, Antioxidantien und gesunden Scharfstoffen und macht fit für den Tag!

1–2 Granatäpfel (ca. 300 g Kerne)
Saft von 2–3 Orangen (ca. 250 ml)
25 g frischer Ingwer

1. Die Kerne des Granatapfels in einer großen, mit Wasser gefüllten Schüssel herauslösen, dann spritzt es nicht. Die Orangen auspressen.

2. Den Ingwer waschen oder mit einem Löffel von der Schale befreien, falls es keine Bioware ist, und grob klein schneiden.

3. Alles zusammen in den Mixer geben und sehr gut durchmixen.

4. Die Flüssigkeit durch ein feines Sieb passieren und in eine verschließbare Flasche abfüllen. Im Kühlschrank aufbewahren und innerhalb einer Woche verbrauchen.

PINK DRINK

Das rosarote Getränk auf Basis von Hibiskustee ist ein absolutes Trendgetränk. Erfunden hat den Drink wohl eine amerikanische Kaffeehauskette, die ihn schon länger im Programm hat. Er löste einen Hype auf Instagram und TikTok aus und ist nun im Sommer nicht mehr wegzudenken. Mir schmeckt er am besten nach diesem Rezept.

FÜR 1 PORTION | ZUBEREITUNG: 10 MINUTEN | PINKFAKTOR: BEEREN, TEE, SAFT

40 g Himbeeren oder Erdbeeren
1–1,5 EL Holunderblütensirup (ganz wichtig! Bitte nicht austauschen!)
200 ml kalter Hibiskustee
75 ml roter Traubensaft
100 ml Kokosdrink
einige Eiswürfel

1. Die Beeren mit dem Sirup übergießen und zerdrücken.

2. Das Püree mit Hibiskustee, Traubensaft und Kokosdrink aufgießen und Eiswürfel dazugeben.

WASSERMELONEN-SLUSHIE

Das erfrischendste Sommergetränk überhaupt ist ein eisgekühlter Wassermelonen-Slushie. Ich trinke ihn immer aus meinem Lieblingseinhornglas.

FÜR 1 PORTION | ZUBEREITUNG: 20 MINUTEN | PINKFAKTOR: MELONE

500 g Wassermelone, gekühlt
Saft von ½ Limette
Eiswürfel

1. Die Wassermelone schälen und in grobe Stücke schneiden.
2. Die Stücke zusammen mit dem Limettensaft pürieren.
3. Alles in ein Glas füllen und Eiswürfel dazugeben.

TIPP

Noch erfrischender wird der Slushie, wenn die Wassermelone zuerst gewürfelt und dann tiefgefroren wird.

HIMBEER-MANGO-LASSI

FÜR 2 PORTIONEN | ZUBEREITUNG: 10 MINUTEN | PINKFAKTOR: BEEREN

50 g Himbeeren (frisch oder TK)
150 ml Sprudelwasser
225 g Sojajoghurt (Natur)
150 g frische Mango
1 EL Rohrohrzucker
½ TL Kardamom
1 Msp. gemahlene Vanille
Limettenzesten und ein Spritzer Limettensaft
Eiswürfel (optional)

1. Die Beeren mit 50 ml Sprudelwasser und 1 EL Joghurt pürieren.

2. Die Mango mit den übrigen Zutaten in den Mixer geben und zu einem cremigen Getränk verarbeiten.

3. Den Mangomix auf zwei Gläser verteilen, nach Belieben noch einige Eiswürfel dazugeben und jeweils die Hälfte des Beerenpürees hineinrühren.

FÜR 4 PORTIONEN | ZUBEREITUNG: 10 MINUTEN + KÜHLZEIT

ZAUBERLIMONADE

Butterfly Pea Tea wird in Südostasien zum Färben von Getränken und Lebensmitteln genutzt. Der Kräutertee enthält kein Koffein, färbt tiefblau und wandelt seine Farbe bei Zugabe von Zitronen- oder Limettensaft in Lila bis Pink. Er hat einen sehr milden Geschmack und wird traditionell mit Zitrone und Honig auf Eis serviert. Er kann aber auch warm genossen werden. Ich färbe mit den Blüten gern auch Reisnudeln, Reis oder Chiapudding.

PINKFAKTOR: BUTTERFLY PEA TEA

5 getrocknete Blüten Butterfly Pea Tea
4 EL Rohrohrzucker
4 Scheiben frischer Ingwer
Eiswürfel
750 ml Sprudelwasser
Saft von 2 Zitronen oder Limetten

1. 500 ml Wasser aufkochen, die Blüten aufgießen und 5 Minuten ziehen lassen.

2. Die Blüten herausnehmen und den Tee abkühlen lassen.

3. Vier große Gläser zu einem Drittel mit Tee füllen, je 1 EL Rohrohrzucker und eine Scheibe Ingwer dazugeben. Einige Eiswürfel hinzufügen und mit Sprudelwasser auffüllen.

4. Den Zitronensaft separat dazu servieren, damit jeder den Effekt selbst genießen kann.

TIPP

» Ein paar in den Eiswürfeln eingefrorene Beeren machen die Limonade noch hübscher.
» Wenn Tee übrig bleibt, kann er auch zu blauen oder pinken Eiswürfeln eingefroren werden.

RHABARBER-LIMETTEN-SCHORLE

FÜR 1 PORTION | ZUBEREITUNG: 20 MINUTEN, KOCHZEIT 10–15 MINUTEN

Sirup

200 g frischer Rhabarber
100 g Zucker

Schorle

1 EL Limettensaft
2 Scheiben Limette
Eiswürfel
300–400 ml Sprudelwasser

1. Den Rhabarber schälen und in kleine Stücke schneiden, zusammen mit Zucker und 100 ml Wasser aufkochen und für 10–15 Minuten köcheln lassen.

2. Wenn die Flüssigkeit rosa geworden ist und leicht andickt, ist der Sirup fertig und kann durch ein feines Sieb in eine kleine Flasche abgefüllt werden.

3. Für eine erfrischende, sommerliche Schorle 2–3 EL Sirup in ein Glas füllen, Limettensaft und -scheiben dazugeben, mit Eiswürfeln und Sprudelwasser auffüllen und genießen.

FÜR 1 FLASCHE | ZUBEREITUNG: 10 MINUTEN, ZIEHZEIT: ÜBER NACHT, KOCHZEIT: 10 MINUTEN

ROSENBLÜTENSIRUP

Dieser duftende Sirup eignet sich wunderbar als kleines Mitbringsel. Er schmeckt im Sekt oder in einem Glas kühlen Mineralwassers, im Salatdressing oder auf Obstsalat. Ich bereite ihn mit getrockneten Rosenblüten zu, dann kann ich ihn auch genießen oder verschenken, wenn die Rosen gerade nicht blühen. Achtung: Keine Blütenblätter verwenden, die zu Dekozwecken oder als Badezusatz angeboten werden!

PINKFAKTOR: BLÜTENBLÄTTER

1 Zitrone
500 g Zucker
30 g getrocknete Rosenblütenblätter

1. Die Zitrone in Scheiben schneiden.

2. 500 ml Wasser in einem Topf erhitzen und den Zucker darin auflösen. Die Zitronenscheiben hineingeben und alles aufkochen lassen.

3. Die Rosenblüten mit der Flüssigkeit übergießen und über Nacht ziehen lassen.

4. Am nächsten Tag noch mal 5 Minuten köcheln und durch ein Sieb in eine heiß ausgespülte, verschließbare Flasche abfüllen.

ZUTATENREGISTER

N

O

P

Q

R

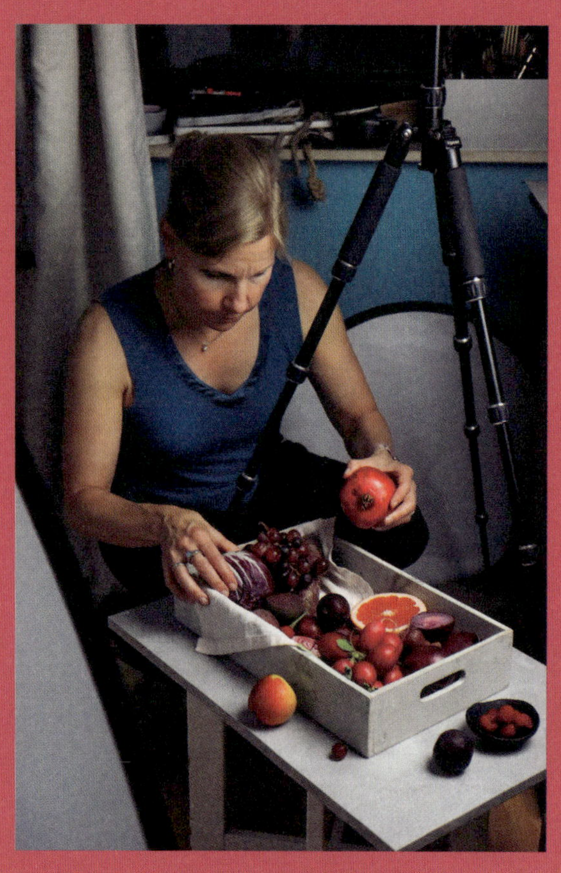

DANKE!

Ich freue mich so sehr, dass ich wirklich diese Dankesworte für die letzte Seite meines Buches formulieren kann. Denn das heißt, dass ich mein Buch bald wahrhaftig in den Händen halte!

Mein allererster Dank gilt Dir, Manuela! Du hast mir den Anstoß gegeben, meine Idee endlich in die Tat umzusetzen.

Dann danke ich aus tiefstem Herzen meiner Familie: Kai, Sarah und Elias! Vielen Dank, dass Ihr an mich glaubt, alle Gerichte probiert habt, mir Ideen, Lob, Kritik und Hilfestellung gegeben habt! Ich liebe Euch!

Vielen Dank Dir, liebe Sonja! Du warst als Autorin meine Expertin der ersten Stunde! Mein erster Besuch bei Dir liegt nun schon einige Jahre zurück …

Danke an alle meine Freundinnen und Freunde, die meine Vorfreude geteilt und mich immer ermutigt haben! Fühlt Euch umarmt!

Danke, Papa, dass Du mir die Liebe zur Fotografie vererbt hast!

Danke an meine lieben Brüder und meine gesamte Familie. Ich freue mich immer, wenn es Euch bei uns schmeckt! Ihr seid alle stets herzlich eingeladen, an unserem Tisch zu speisen!

Von Herzen danke, Verena! Danke, dass Du sowohl meine erste als auch meine »pinke« Idee toll fandest! Danke an Dich, Danai, und das ganze Team des Stiebner Verlags!!!

Danke an meine Mutter, die immer darauf geachtet hat, uns möglichst gesundes Essen nahezubringen. Du hast die Wurzeln gelegt. Ich bin mir sicher, dass Dich meine Gerichte begeistert hätten.

Liebe Leser:innen,

wir freuen uns, dass wir mit diesem Buch Teil eurer kulinarischen Reise sein dürfen. Noch mehr Inspiration, köstliche Anregungen und kreative Erlebnisse findet ihr auf unserer Verlagsseite www.stiebner.com.

Kontaktiert uns!

Wir sind immer offen für eure Anregungen, Wünsche und Kritik – schreibt uns gerne unter verlag@stiebner.com.

Da geteilte Freude bekanntlich doppelte Freude ist: Zeigt uns eure kulinarischen Kreationen auf Social Media! Markiert uns mit @stiebnerverlag oder nutzt die folgenden Hashtags: #StiebnerVerlag #StiebnerGenuss #PinkVegan

Text und Fotografie: Susanne Wernicke, außer Foto S. 5 links: Elias Wernicke
Cover und Layout: Danai Afrati
Projektleitung und Lektorat: Dr. Verena Stindl
Gedruckt bei Polygraf print, Slowakei

ISBN 978-3-8307-1076-9

Bibliografische Information der Deutschen Nationalbibliothek:
Die Deutsche Nationalbibliothek verzeichnet diese Publikation in der Deutschen Nationalbibliografie; detaillierte bibliografische Daten sind im Internet über http://dnb.dnb.de abrufbar.

Wir produzieren unsere Bücher mit großer Sorgfalt und Genauigkeit. Trotzdem lässt es sich nicht ausschließen, dass uns in Einzelfällen Fehler passieren. Auf unserer Webseite finden sich bei dem jeweiligen Titel eventuelle Korrekturen (Errata). Sollten Sie in diesem Buch einen Fehler finden, so bitten wir um einen Hinweis an verlag@stiebner.com. Für solche Hinweise sind wir sehr dankbar, denn sie helfen uns, besser zu werden.

www.stiebner.com